AI와 사회적 상상

AI문고

인공지능 시대입니다. 기계가 인간의 인지를 대신하고, 사물이 인간을 통하지 않고 다른 사물과 직접 커뮤니케이션합니다. 이에 따른 인간 삶과 문명 변화를 정확히 이해·예측·대응하는 것은 이 시대 우리 모두의 과제입니다. AI문고는 인공지능 기술과 환경의 여러 주제를 10가지 키워드로 정리합니다. 관련 개념과 이론, 학계와 산업계의 쟁점, 우리 일상의 변화를 다룹니다. 인간과 기술의 현재, 미래를 세심히 분석합니다.

일러두기

- 인명, 작품명, 저서명, 개념어 등은 한글과 함께 괄호 안에 해당 국가의 원어를 병기했습니다.
- 외래어 표기는 현행 어문규정의 외래어표기법을 따랐습니다.
- 이 저서는 2020년 대한민국 교육부와 한국연구재단의 지원을 받아 수행된 연구임(NRF-2020S1A5B5A16083935).

처음이세요?
전문가세요?

AI와 사회적 상상

김지연

ㅋ

대한민국, 서울, 커뮤니케이션북스, 2026

AI와 사회적 상상

지은이 김지연
펴낸이 박영률

초판 1쇄 펴낸날 2026년 2월 27일

커뮤니케이션북스(주)
출판 등록 2007년 8월 17일 제313-2007-000166호
02880 서울시 성북구 성북로 5-11
전화(02) 7474 001, 팩스(02) 736 5047
commbooks@commbooks.com
www.commbooks.com

ISBN 979-11-430-1882-3 03500

책값은 뒤표지에 표시되어 있습니다.

차례

데이터가 '석유'라고?

대중매체에서 전문가들은 데이터가 '현대의 석유'라고 말하곤 한다. 데이터만 충분하다면 빅데이터 분석은 물론이고 나아가 AI 기술의 성능을 보증할 수 있다는 취지다. 이런 생각은 데이터가 세계를 그대로 대변한다는 논리에서 나온 것이다. 말하자면 데이터는 '연금술사의 돌'이다. 역사학자 유발 하라리(2023)는 이런 현상의 심각성을 '데이터주의(dataism)'라고 지적했다.

정말 데이터만 있다면 만사형통인가? 디지털 기술에서 데이터가 필수적이라는 말은 어느 정도 사실이다. 그러나 그것이 유일한 충분조건이라는 주장은 심각한 과장이다. 데이터는 현실을 그대로 반영할 수 없다.

데이터의 불완전성

아무리 모으더라도 '데이터'는 원천적으로 늘 불충분하다. 물론 상당량의 데이터는 예측력을 담보한다. (인간 기록이 남아 있는 시간 범위에서) 수천 년간 태양이 동쪽에서 떠올랐으므로 내일도 그럴 것이다. 그러나 이런 귀

납적 사실은 미래를 보증하지는 못한다. 다만 현재의 규칙성이 유지되는 범위 안에서 유효할 뿐이다. 이조차도 아주 부분적이다.

17세기 철학자 르네 데카르트(Rene Descartes)는《방법서설(Discourse on the Method)》(1637)에서 인간 이성과 기계를 비교하면서, 기계가 인간처럼 작동할 수 없는 이유를 제시한다. 인간 이성이 삶의 모든 상황에 맞게 행동하듯이 충분히 다양한 명령문을 (유한한) 기계 속에 넣는 것은 논리적으로 불가능하다. 매번 상황은 조금씩 다르므로 모든 상황에 맞는 명령문이란 무한하기 때문이다.

데이터 역시 마찬가지다. 데이터는 관찰자와 대상 사이 상호작용 결과에서 나온 파편들이다(8장). 엄밀하게 그것은 그것이 만들어졌던 그때 그 조건에서만 진실이다. 게다가 과거의 데이터만을 모을 수 있을 뿐이다. 현재와 미래의 데이터는 잠재성의 영역에 남겨진다. 따라서 우리는 근본적으로 현실 세계의 사건을 모두 데이터로 전환할 수 없다. 데이터에 지나치게 의존하는 것은 결코 합리적이지 않다. 오히려 데이터의 불완전성을 고려하는 것이 더 안전한 의사 결정을 만든다.

데이터의 구성

우리가 인터넷 검색 서비스나 빅데이터 분석에서 이미 경험했듯이, 디지털 기술이 제시하는 결론은 단지 '사실의 문제'에만 의존하지 않는다. 오히려 더 중요하게 '관심의 문제'에 달려 있다. 관심은 이해관계를 포함한다. 그리고 이해관계는 편향도 포함한다.

물론 이해관계나 편향이 항상 나쁜 것은 아니다. 사실 모든 것은 이해관계와 편향을 포함한다. 그렇지 않다면 아무런 결정도 하지 못할 것이다. 다만 문제가 되는 이해관계와 편향을 문제 삼을 수 있어야 한다. 식물이 태양을 향해 뻗어가는 편향은 누구에게도 피해를 주지 않는다. 반면에 인종차별적 편향은 공동체를 무너뜨린다.

진짜 '석유'는 사용자 경험!

우리는 디지털 기술의 동력을 데이터로 한정하지 않아야 한다. 데이터 산업은 대체로 데이터의 취약성을 잘 알고 있지만 공식적으로는 인정하지 않는 태도를 보인다. 대신 데이터 분석의 신뢰성을 상소하기 위해서 그 취약성을 이데올로기적으로 메우려고 한다. 일종의 신비주의 마술, 나아가 우상 숭배를 시도한다. 이 기술을 당장 받아들이지 않는다면 경쟁에 밀려 비참한 처지가 될 것이라고 주문을 건다.

「인공지능 기본법」(2024)도 이런 문화를 반영하고 있다. 이 법은 주로 산업(기술) 진흥 관점을 반영하고 있어서, AI 문제를 종합적으로 전망하는 대신 편향적 비전을 담고 있다. 이 법체계는 '기술이 단독으로 성장한다'는 휘그 사관(진보주의, 기술결정론)에 기반하고 있다. 이런 관점은 공식적으로 폐기되었지만, 여전히 정책 입안자의 의식을 지배하고 있다. 투자만 충분하면 기술이 '자동으로' 성장할 것이라는 '발전 논리'는 우리의 마음을 편안하게 해 주지만 세계 인식을 오도한다(아세모글루·존슨, 2023). 이런 관점은 신기술의 정당한 거주지를 형성하는 대신 일방적인 지배 질서를 강화하고 불평등을 심화한다.

데이터는 기술 성장에서 여러 요소 중 하나일 뿐이다. 그렇다면 이제 우리의 관심을 어디로 돌려야 할까?

대중 지성을 향해

우리는 AI 기술을 어떻게 바라보아야 하나? 무엇보다 중요한 원칙은 그 기술이 '대중 지성(Public intelligence)'의 성장에 기여할 수 있는지에 달려 있다. 이자벨 스탱게르스(2025)는 《다른 과학은 가능하다, '느린 과학' 선언》

에서 과학과 대중의 관계를 역전시킨다. 전통적 관점은 소수 엘리트와 전문가의 성장에 주목한다. 대중은 단지 수동적인 대상일 뿐이다. 대중이 기술(과학)을 이해할 능력이 있는지를 평가하고 몰아붙이는 전통적 접근을 그만두어야 한다. 능력의 문제는 전문가(과학자)도 마찬가지로 취약하기 때문이다. 현실은 소수에 의해 통제되지 않는다.

다수 연구자에 따르면 사회적 성장은 대중이 획득한 상식에 기반한다(화이트헤드, 2008; 라투르, 2012; 코너, 2014; 말름, 2023; 김지연, 2024). 노벨상 수상자이자 경제학자인 아세모글루와 존슨(2023)도 인류 진보의 공을 대중에게 돌린다. 진보는 단순히 과학자나 기술자에 의해 달성된 것이 아니다. "시민과 노동자가 스스로를 조직해 기술과 노동 여건에 대해 상류층이 좌지우지하던 선택에 도전했고 기술 향상의 이득이 더 평등하게 공유되는 방식을 강제해 냈기 때문(같은 책: 19)"이다. 기술은 자신의 목표를 대중의 힘, 대중 지성이 성장하는 방향으로 놓아야 한다. 역사적으로 한글(문사 기술)은 대중 지성의 성장에 크게 기여했다. AI 기술의 방향도 그런 모범을 따라갈 수 있도록 사회적 안내와 제도가 필요하다.

책의 내용

현재 AI 기술이 직면한 어려움은 기술적으로 초기 단계에 불과한 데도 사회적 기대가 너무 강하다는 것이다. 과도한 의존은 불균형과 왜곡을 낳는다. 이에 이 연구는 기술과 사용자 관계에 주목하여 기술의 공동-구성적 접근을 제시하고자 한다. 이는 신기술의 안정성만이 아니라 사회적 성장의 균형을 잡는다. 여기서 ‘사용자’는 단지 개별 행위자가 아니라 ‘집단적 사유체’로서 그리고 ‘정치적 행위체’로서 정체성을 지시한다. 기술의 문제는 정치적이며 존재론적이다.

책의 구성은 다음과 같다. 우선 1장, ‘데이터 너머 사용자 경험’에서는 기술 사용자 경험의 중요성에 대해서 알아본다. 데이터의 중요성만 강조하고 정작 데이터의 원천에 대해서는 은폐하는 문화! 그것은 자동화 이데올로기가 형성한 습관이다. 이 문화적 태도는 기술과 인간 양자의 공동-구성적 역사를 부정한다. 그 결과 기술에 대한 이해는 물론이고 기술과 인간의 상호적 성장을 방해한다. 철학자 윌리엄 제임스(2018)와 알프레드 N. 화이트헤드(2025)는 말한다. 데이터는 세계에 대한 우리의 경험이 없다면 생산될 수 없다. “경험에 관한 이 위대한 기본 사실들을 한시라도 망각하는 이론은 어리석다.”

다음으로 2장에서는 기술이 '가속 성장'한다는 환상에 대해 문제를 제기한다. 대표적으로 커즈와일의 책 《특이점이 온다》는 기술결정론을 유포해 왔다. 이 책은 크게 성공한 저술이지만, 그의 주장은 형편없는 논거로 가득 차 있다. 다행히도 오늘날 자신을 '기술결정론자'라고 소개하는 사람은 없다. 그러나 커즈와일식의 사고방식은 꾸준히 출현하며 우리의 기술적 이해를 가로막는다. 막대한 손실이 아닐 수 없다!

3장, '파르마콘의 사용자'는 토비 나탄과 이자벨 스탱게르스(Nathan & Stengers, 2012)의 개념을 빌려올 것이다. 파르마콘은 그리스어로 '약'이기도 하고 '독'이기도 하다. 플라톤은 문자(기술)를 파르마콘으로 지목한 바 있다. 역사적으로 인류는 여러 파르마콘을 창조했고 숭배했다. 파르마콘은 자신을 사용하는 사람들에 의해서 실체적 존재로 등장할 수 있다. 그 과정에서 사용자들도 재구성되며 변신한다. 파르마콘과 사용자는 서로를 구성하는 관계에 놓는다.

이어서 4장에서 8장에 걸쳐서 AI 기술의 일반적 특성을 살펴볼 것이다. AI 기술의 작동에 대한 기본 이해를 통해서 과도한 의존과 과장을 경계하려는 취지다. 우선 4장에서 AI 기술의 대표적 특성 중 하나로 몬테카를로 시뮬레이션의 역사와 내용을 알아본다. 이 방법론은 매우 강력해서 그 가능성이 '0'이 아니라면, 그것을 실재하는 것처럼 구현해 준다. 1940년대 과학자들은 한편으로 '죄를 짓는 느낌'이라고 말하면서도 이 방법론을 추종하는 사용자 집단이 된다. 이 방법론적 특징이 오늘날 AI 작동의 고유성을 구성하고 있다.

5장, '퍼셉트론 논쟁'에서는 AI 기술 방법론에 대한 두 개의 큰 흐름(연결주의, 기호주의)이 충돌한 사건을 다룰 것이다. 연결주의 진영과 기호주의 진영은 서로 다른 모습의 AI 모델을 상상하면서 서로를 공격했다. 이 논쟁은 기술의 경로가 하나가 아니라는 교훈을 전한다. 더 나아가 아직 가지 않는 길도 암시한다.

6장은 '컴퓨터 사용자'에 대해서 다룬다. 그들은 기술 사용자의 주요 특질을 압축적으로 보여 준다. 최초의 미니컴퓨터, 알테어 8800은 사실상 '아무런 기능 없이' 태어났다. 어떤 도구가 기능 없이 제작될 수 있는가? 그런데 그들은 그것을 사랑했다. 사용자는 단지 기술이 뛰어나다는 이유로 사랑하는 것이 아니다. 그들은 자신을 담아낼 수 있기에 그 기술을 사랑한다.

7장 '전문가 문화, 윤리적 실패'에서는 AI 전문가 문화를 탐색한다. 하나의 시스템을 설계할 때 고려되는 사용자 관련 정보란 소수 전문가가 갖는 믿음에 불과하며, 그 전문가 역시 해당 문제 해결 작업에 실제로 정통한 것이 아니다. 전문가 지식의 불완전한 표현이 시스템적 토대로 코드화된다면, 그 시스템은 실제 현실 세계 상황을 다룰 때 실패하거나 오류를 일으킬 수밖에 없다. 전문가에게만 의존하는 경향은 사회 공동체를 표류하게 만든다.

8장 '디지털 주체'에서 AI 기술의 사회 정치적 측면을 조망한다. 기술과 인간의 관계는 단일 서사로 축소할 수 없다(Joyce & Cruz, 2024). 그 기술의 질서를 승인하는 사용자, 다시 말해 디지털 주체가 등장하지 않는다면 그 기술은 현실이 될 수 없다. 인간의 역량을 폐기하는 일은 실제로는 불가능하지만, '자기실현적 예언'으로 왜곡될 수 있다. 자동화를 중심으로 질서를 재편하기로 공식화하면, 사회적 상호작용과 인간 학습의 여지가 점점 줄어들기 때문이다(아세모글루 · 존슨, 2023: 451). 이를 재조정하는 것이 AI 문제에서 핵심이다.

9장과 10장에서는 앞서 살펴본 배경을 근거로 새로운 사회 계약의 필요에 대해 논의한다. 9장의 주제는 'AI 용어 재정의하기'다. AI 기술을 사회적으로 수용하기 위한 계약에서 새로운 명명법은 필수적이다. 누군가의 이름은 그의 정체성에 관한 문제다. 최근 미디어나 「인공지능 기본법」에서 AI를 정의할 때 주로 '인간과 닮음'이라는 측면을 강조한다. 그러나 그것은 AI에 관한 부차적 성질일 뿐이다. 게다가 인간과 AI 사이의 갈등을 불러올 가능성도 크다. AI 기술에 관한 사회 계약을 위해서 우리는 이 존재를 새롭게 정의하는 일에서 출발해야 한다.

10장에서는 새로운 사회 계약을 위한 두 번째 준비로서 'AI 사용자의 지위'에 관한 주제를 다룬다. 여기서 '지위'는 생태적 '삶의 영역'을 지시한다. AI 기술과 사용자 정체성은 서로의 운명을 구성하는 관계에 놓인다. 이런 관점에서 사용자를 수동적 대상으로 제한하지 말아야 한다. 그들의 경험과 창조성이 AI를 생생하게 살아 있는 기술로 만들 수 있다. 따라서 사용자의 경험을 공공화하고 그들의 집단적 지위를 지원할 제도에 주목해야 한다. 이것은 AI 기술이 사회적 정의에 부합하여 성장하도록 돕는다.

참고문헌

김지연(2024). 《과학문화, 난쟁이와 거인의 노래》. 자유아카데미.
김지연(2025). 《인공지능과 인간: 관계적 존재론을 향하여》. 드림미디어.
대런 아세모글루 · 사이먼 존슨(2023). 《권력과 진보: 기술과 번영을 둘러싼 천년의 쟁투》. 김승진 옮김. 생각의힘.

브뤼노 라투르(2012). 《브뤼노 라투르의 과학인문학 편지: 인간과 자연, 과학과 정치에 관한 가장 도발적인 생각》. 이세진 옮김. 사월의책.
안드레아스 말름(2023). 《화석 자본: 증기력의 발흥과 지구온난화의 기원》. 위대현 옮김. 두번째테제.
알프레드 노스 화이트헤드(2008). 《과학과 근대세계》. 오영환 옮김. 서광사.
윌리엄 제임스(2018). 《근본적 경험론에 관한 시론》. 정유경 옮김. 갈무리.
유발 하라리(2023). 《호모 데우스》. 김명주 옮김. 김영사.
이자벨 스탱게르스(2025). 《다른 과학은 가능하다, '느린 과학' 선언》. 김연화·장하원 옮김. 에디토리얼.
클리퍼드 코너(2014). 《과학의 민중사: 과학 기술의 발전을 이끈 보통 사람들의 이야기》. 김명진 외 옮김. 사이언스북스.
테드 창(2019). 《숨: 테드 창 소설》. 김상훈 옮김. 엘리.
Joyce, K. & Cruz, T. M(2024). A Sociology of Artificial Intelligence: Inequalities, Power, and Data Justice. *Sociological Research for a Dynamic World Volume*, 10, pp. 1~6.
Nathan, T. & Stengers, I.(2012). *Doctors and Healers*. In Muecke, S.(trans.). Polity Press.

01
데이터 너머 사용자 경험

"좋은 점이 하나도 없는 그런 나쁜 책은 없을 겁니다. (중략) 그렇게 된 이유는 인쇄된 책은 천천히 살펴볼 수 있으니까 실수가 쉽게 발견되고, 그 책을 쓴 작가의 명성이 위대하면 위대할수록 사람들이 더욱더 철저히 그 책을 조사(탐사)하기 때문입니다(《돈키호테》 2권, 71쪽)." '책'이라는 기술은 단지 저자만이 아니라 독자에 의해 성장했다.

기후 위기와 인공지능?

경험에 관한 진실

데이터의 중요성만 강조하고 정작 데이터의 원천에 대해서는 은폐하는 문화! 그것은 자동화 이데올로기가 형성한 습관이다. 이 문화적 태도는 기술과 인간 양자의 공동-구성적 역사를 부정한다. 그 결과 기술에 대한 이해는 물론이고 기술과 인간의 상호적 성장을 방해한다.

테드 창(2019)은 단편 소설 〈사실적인 진실, 감정적 진실〉을 통해서 질문한다. 합리적 데이터의 시대에 (오류와 결핍을 내장한) 개인적이고 감정적인 진실을 왜 존중해야 하나? 사실적 진실(데이터)은 객관적이고 표준적 절차로 생산되는 데 비해, 감정적 진실은 개인적 경험의 결과로 생산된다. 일견 사실적 진실이 충분하다면 우리 세계는 잘 작동할 것처럼 보인다.

철학자 윌리엄 제임스(2018)와 알프레드 N. 화이트헤드(2025)는 경험의 원천성에 대해 말한다. 인간 개인의 경험이야말로 지식의 원천이다. 경험은 사물과 '내'가 대면하는 순간 형성된 연접적 관계의 효과다. 이 경험을 통해서 '나'는 인식하는 자가 되고 사물은 인식된 실재(대상)가 된다. 인간 경험의 우주는 이런 다양한 연접적 관계들로 이루어져 있다. 우리는 자기 변화도 하나의 사물처럼 경험한다(제임스, 2018: 59).

개인의 경험을 기술적으로 전환할 수 있을 때 우리는 그것을 '데이터'라고 부른다. 모든 전환이 그렇듯이 경험과 데이터 사이에 일대일 대응은 성립하지 않는다. 때로는 축소되고 때로는 생성된다. 다시 말해서 경험이 없다면 사실적 진실(데이터)도 없다. 따라서 우리는 데이터 이전에, 데이터를 존재하게 만드는 인간 경험을 잊지 않아야 한다.

그러므로 '실체'란 본질적으로 하나가 아니다. '실체'의 속성이란 시간과 공간의 관계들로 구성된다. 어떤 관계로 묶이느냐에 따라 여러 다른 모습으로 출현한다. 빛은 파동이기도 하고 입자이기도 하다. 따라서 '실체'란 미리 결정된 '무엇'이 아니라 그 실체를 만나는 경험의 과정에서 그 관계의 양상에 따라 결정된다. 그래서 우리는 자연(실체)을 온전히 인과적으로 포착할 수 없다. 실체의 다수성을 무시하고 인과법칙에만 의존하는 것은 형이상학적 환상이다(화이트헤드, 2025: 54).

종합하면 데이터는 세계에 대한 우리의 경험이 없다면 생산될 수 없다. 우리의 경험과 그로 인한 감성이 세계에 대한 직접적 원천이다. '사실적 진실' 또는 '데이터'는 경험이라는 원천으로부터 나온 2차 구성물이다. 이런 연유로 우리는 오류와 결핍을 내장하고 있더라도 개인적이고 감정적인 진실을 폐기할 수 없다.

노동에서

소위 '인공지능 시대'를 맞이하는 현재, 사람들은 데이터의 중요성을 강조하면서 자기 경험을 기꺼이 대체하려고 한다. 대표적으로 노동(생산) 분야와 교육 분야에서 변화가 급격하다. 노동과 교육은 한 사회의 근간이 되는 중요한 영역이다. 그런 만큼 실제로 AI 기술이 노동과 교육에 얼마나 영향을 주는지에 대한 진지한 검토가 필요하다. 그러나 현실은 성급한 주장과 어설픈 적용 소식으로 가득하다.

산업혁명 이후 자동화에 대한 찬사는 꾸준히 반복되었는데, AI 서비스가 등장하면서 자동화에 대한 맹신이 더욱 심해지고 있다. 정부 기관조차도 이 대열에 합세하고 있다. 이런 현상은 자동화에 대한 오해만큼이나 노동에 대한 이해 부족이 만연하기 때문이다. 우리에게 노동은 정말 없어져도 될 만큼 대수롭지 않은 것일까?

노동과 자동화는 단순 대체 관계로 볼 수 없다. 대런 아세모글루와 사이먼 존슨은 《권력과 진보》(2023)에서 모든 자동화가 생산성 향상으로 이어지는 것은 아니라고 전한다. 또 다른 경제학자 로버트 고든도 《미국의 성장은 끝났는가》(2017)에서 같은 주장을 전한다. 정보기술은 화려하게 등장했지만, 실제 미국의 성장에 거의 기여하지 못했다.

자동화는 생산성의 충분조건이 아니다. 다만 부분적으로 그럴 수 있다. 아세모글루와 존슨은 노동을 대체하려는 자동화가 아니라, 노동자의 업무를 지원하는 자동화일 때 생산성 향상으로 이어질 수 있다고 제기한다. 고든도 기술만으로 성장 동력이 될 수 없다고 결론짓는다. 오히려 자동화로 인한 불평등은 생산성 향상을 방해한다.

그런데도 자동화 열광자들은 노동을 폄하하고 노동자를 해고하는 일에 몰두한다. 하지만 그로 인한 효과는 미미하다. 그런 미미한 효과를 위해서 노동자를 자동화 형식 안으로 가두는 일을 감행한다. 그로 인해 사회의 건강성이 무너지고 있다. 인간이 수행하는 일 중 진정으로 반복적인 것은 일부뿐이다. 자동화에만 의존하고 인간 노동을 제거하려는 전략은 실로 파괴적이다. 노동은 우리 경험이 가장 압축적이고 생생하게 형성되는 현장이다. 노동을 제거하려는 시도는 모든 지식의 원천인 경험을 제거하는 것과 같다.

교육에서

AI 기술이 일상화되면서 교육 현장이 바뀌고 있다. AI 교과서와 수업이 일상화된 것이다. 하지만 깊이 있는 연구와 논의 없이 성급하게 진행되고 있어서 문제가 많다. AI 교과서는 학생들에게 AI 알고리즘이 윤리를 달성할 수 있다고 선전한다(김지연 · 김성희, 2023). 그것은 사실이 아니다.

아이작 아시모프는 오래전 SF 작품 《아이, 로봇》(1950)에서 이 문제를 이미 통찰한 바 있다. 로봇 규칙을 알고리즘으로 내장하는 것만으로는 '윤리적인 로봇'을 만들 수 없다. 현실은 단순한 규칙으로 담을 수 없는 무한히 다양한 형태로 출현하기 때문이다. 마찬가지로 우리는 단지 교통법규만으로 도로 교통이 원활해지지 않는다는 것을 잘 알고 있다. 도로에 진입한 수많은 사람의 실시간 경험과 판단이 도로의 안전과 원활한 운행을 보증한다. 다만 교통법규는 도울 수 있을 뿐이다.

이처럼 간단한 교훈이 현재 교육 현장에서 작동하지 않고 있다. 최근 경기도 교육청은 '하이러닝 AI' 프로그램을 개발하고 이를 홍보하는 영상을 배포했다. 이 영상은 전교조의 항의를 받고 바로 취소되었다. 영상 내용을 자세히 보면 경기도 교육청이 AI 기술로 교육(교사)을 대체하려 하고 있음을 알 수 있다.

화면: 미래 교육의 중심, 자율 · 균형 · 미래, 새로운 경기도 교육청

[칠판에 윤동주의 서시가 적혀 있다]

[교사 옆에는 의인화된 하이러닝 AI가 무표정하게 앉아 있다]

교사: 자, 얘들아 시험지 다 받았지? 아니 선생님이 윤동주 시인의 서시 시험 본다고 한참 전부터 이야기했는데, 답안지 상태가 영… 이의 있는 사람은 앞으로 나와.

학생 1: 쌤, 화자가 죽음을 두려워한다는 게 왜 틀려요?

교사: (하이러닝 AI를 바라본다)

하이러닝 AI: 하늘을 우러러 한 점 부끄럼 없이는 두려움이라기보다는 자기 성찰과 도덕적 지향을 의미합니다. 따라서 죽음에 대한 두려움과는 논리적 연결이 부족합니다.

학생1: 죽는데 두렵지 않아요?

하이러닝 AI: 저는 사람이 아닌데요.

학생 2: 선생님 저는 이거 왜 틀렸어요? 이거 나와 있는 대로 그대로 쓴 건데….

교사: 하늘을 보면서 살고 싶다? (학생2 고개를 끄덕인다) 현지야. 이 하늘이 그 하늘이 아니잖아.

하이러닝 AI: 선생님 말씀대로, 하늘은 그냥 하늘 그대로가 아니라, 화자에게 도덕적 기준이 되는 기능을 합니다. 이러한 설명이 답안에 없었습니다.

교사: 들어가. (일어나며) 자 애들아 이제 이의 더 없지? 이거 AI가 채점 도와준 거니까 너희들 할 말 없지?

학생들: 네.

교사: 너무 수고 많았고, 앞으로 조금만 더 노력하면 너희 좋은 결과 있을 거야.

하이러닝 AI: 빈말입니다. 동공이 흔들리고 음성에 진심이 담겨 있지 않았습니다.

교사: (멋쩍어하며) 혹시, 궁금한 거 더 있는 사람은 쉬는 시간 말고 점심 먹고 찾아와. 선생님 바로 회의 있으니까. 알겠지?

하이러닝 AI: 거짓말입니다. 평소 이 시간에는 화장실을 이용하는 시간으로 예상 소요시간 20분입니다.

교사: (난처해하며 하이러닝 AI를 쳐다본다)

해설: 교육의 본질 회복을 위해 하이러닝 AI는 데이터를 읽고 교사는 학생의 마음을 읽습니다.

이 영상에서 교사와 학생은 직접 대화 대신 AI가 매개하는 간접 대화를 하고 있다. 교사는 학생의 항의에 대해 AI를 내세워 방어한다. AI의 발언이 곧 정답이라는 태도를 보인다. AI는 교사의 진심까지 파악해서 학생에게 공표한다. AI를 그야말로 신적인 지위에 놓는다. 이는 교육 현장의 어려움과 문제를 AI가 일거에 해소할 것이라는 환상을 드러낸다.

학교 행정 업무에도 AI 기술이 사용되고 있다. 일부 학교에서 교사들은 AI 프로그램을 사용해서 생활기록부를 작성하고 있다. 교사들은 학생의 행동 발달 사항을 작성해야 하는데, 학교가 권장하는 대로 AI 서비스를 사용하고 있다. 교사들은 교사 업무가 과중하여 AI를 사용하고 있지만, 학생에 대한 교사의 견해를 기계로 대체하는 것이 과연 정당한지에 대해 확신하지 못하고 있다. 이는 중요한 사안인데도 폭넓은 논의와 검토를 수반하지 않은 채 시행되고 있다. 노동과 교육 현장에서 성급하게 실시되고 있는 AI 사용에 대해서 시민 사회 차원에서 검토와 충분한 논의가 필요하다.

기술 사용자 주목하기

평범한 시민과 노동자는 기술의 역사에서 항상 중요한

개입을 해 왔다. 실제 사회적 진보를 이루어낸 주역은 기술 향상의 이득을 더 평등하게 분배하는 방식을 강제했던 시민과 노동자였다(아세모글루 · 존슨, 2023). 역사적으로 사회적 번영은 평범한 사람들이 스스로를 조직해서 자신의 목소리를 낼 수 있는지에 달려 있다(같은 책: 51). 그런데 현재 레이 커즈와일, 일론 머스크, 빌 게이츠 등 "비전 과두 귀족"은 일방적 주장을 하면서 민주주의를 약화하고 있다(같은 책: 57).

AI 기술이 노동자와 시민 그리고 학생의 권리를 압도하는 상황이다. 새로운 첨단 기술이라고 해서 항상 좋은 것은 아니다. 그렇다면 어디에서부터 이 문제를 다루어야 하나? 노동자와 시민 그리고 학생은 모두 (현실적으로 그리고 잠재적으로) AI 사용자라는 점에 주목해 보자. 역사적으로 사용자는 기술에 다양한 방식으로 개입해 왔고 기술의 운명을 결정해 왔다. 그들이 어떻게 해당 기술을 대우하고 적용했는지에 따라 그 기술은 변신을 거듭했고 정당한 존재로 인정받을 수 있었다.

또한 어떤 기술이 일상화되면, 사용자는 그 기술을 접촉하며 변형을 겪는다. 기술과 사용자는 상호작용할 뿐만 아니라 때때로 내부작용적 변형(intra-action)을 형성한다. 컴퓨터/인터넷 사용자들의 강한 애착이 그 기술의 형성에 공헌했던 경험을 회상해 보자. 그들은 모든 곳에 존재한다. 전문가(개발자)는 그럴 수 없다. 사용자는 기술과 가장 근접한 장소에서 기술의 작동 양태를 유발하고 형성한다.

따라서 신기술을 구성하고 적절히 배치하기 위해서 그 사용자의 지위를 동시에 성찰할 수 있어야 한다. 그들은 신기술에 자신의 정체성을 투영하고 그 기술이 살아갈 거주지를 만든다. 그들이 그 기술에 반응하지 않는다면 그 기술은 다시 설계되어야 한다. 기술은 자신의 사용자에 조응할 때 사회적으로 '동맹군'을 얻어 자신만의 거주지를 얻을 수 있다. 생물학에서는 이를 '생태적 지위(ecological niche)'라고 한다.

참고문헌

김지연(2013). "인터넷 검색엔진: 사용자의 관심을 흡수하여 전문성을 강화하는 기술". 《과학기술학연구》, 13(1), 181~216쪽.

김지연(2025). 《인공지능과 인간: 관계적 존재론을 향하여》. 드림미디어.

김지연·김성희(2023). "인공지능과 인간의 역동적 관계 형성을 위한 교육 패러다임 전환 탐색: 인공지능 중등 교재분석을 중심으로", 《학습자중심교과교육연구》, 23(3), 487~506쪽.

대런 아세모글루 · 사이먼 존슨(2023). 《권력과 진보: 기술과 번영을 둘러싼 천년의 쟁투》. 김승진 옮김. 생각의힘.
로버트 J. 고든(2017). 《미국의 성장은 끝났는가-경제혁명 100년의 회고와 인공지능 시대의 전망》. 이경남 옮김. 생각의 힘.
미겔 데 세르반테스(2022). 《돈키호테 2, 재치있는 시골귀족 돈키호테 데 라만차》. 박철 옮김. 시공사.
알프레드 노스 화이트헤드(2025). 《자연의 개념》. 안호성 옮김. 갈무리.
윌리엄 제임스(2018). 《근본적 경험론에 관한 시론》. 정유경 옮김. 갈무리.
테드 창(2019). 《숨: 테드 창 소설》. 김상훈 옮김. 엘리.

02
기술이 '가속 성장'한다는 환상

아세모글루와 존슨(2023)이 "비전 과두 귀족"으로 지목한 사람들은 대체로 기술결정론자들이다. 레이 커즈와일은 컴퓨터 전문가라는 명망 덕분에 크게 성공한 저술가이지만, 그의 주장은 형편없는 논거로 가득 차 있다. 커즈와일식의 사고방식은 우리의 기술적 이해와 성장을 가로막는다.

노래하는 AI 보컬?

특이점주의자

레이 커즈와일(R. Kurzweil)은 컴퓨터 과학자이며 '인공지능 특이점론(AI Singularity)' 주창자다. 여기서 특이점이란 흔히 미래학에서 사용하는 용어로서, 미래에 기술 변화의 속도가 급속히 변하여 되돌릴 수 없을 만큼 인간 생활이 변화되는 기점을 뜻한다. 특히 AI 분야에서는 모든 인류의 지성을 합친 것보다 더 뛰어난 초인공지능이 출현하는 시점을 말한다.

그의 책 《특이점이 온다》에 따르면, 서기 2040년경에 인공지능이 특이점에 도달할 것이며, 특이점 이후 인류는 인공지능에 의해 멸종하거나 혹은 인공지능 나노 로봇의 도움을 받아 영생을 누릴 것으로 예측했다. 그는 특이점이 멀지 않았으며 유전공학, 나노 기술, 인공지능 기술이 인류 문명을 특이점으로 이끌 것이라고 반복적으로 강조한다.

그 주장은 대중 미디어와 정부 보고서, 그리고 전문가의 글에서도 비판 없이 인용되곤 했다. 그 결과 사람들이 곧 특이점이 올 것이라고 믿도록 만들었다. 커즈와일의 특이점론은 정말 그렇게 타당한 주장일까?

그의 또 다른 책 《마음의 탄생》에 따르면, 특이점이란 특히 '강한 인공지능(strong AI)'을 의미한다고 밝히고 있다. 그의 주장은 점점 더 과감해져서 '뇌 업로드' 개념까지 제안한다. 이 개념은 SF에 자주 등장하는 소재다. 그만큼 유혹적이다. 뇌 업로드는 SF 소재가 될 수는 있지만, 철학적으로나 과학적으로 인정할 만한 내용은 없다. 그의 말을 진지한 것으로 신뢰하는 현상은 우리가 인공지능 담론에 얼마나 취약한지를 보여 줄 뿐이다.

너무나 비과학적인

커즈와일은 자신의 주장을 뒷받침하기 위해서 소위 '수확 가속의 법칙(Law of acceleration returns)'을 제안한다. 그는 경제학의 "수확 체감의 법칙"을 모방하여 이 용어를 개발했다고 말한다. 그가 주장하는 '수확 가속의 법칙'이란 기술적 진화와 생물학적 진화를 연결하는 그야말로 거대 담론의 야망을 담고 있다.

그의 '법칙'은 과학 방법론 차원에서 검토하면 많은 오류를 범하고 있다. 우선 생물학적인 차원의 속도와 기술적인 차원의 속도를 연결하여 하나의 속도로 환원할 수 있다고 전제하는 것이다. 생물학적 속도든지 기술적 속도든지 속도라는 기준을 적용하고 측량하려면 그에 걸맞은 새로운 방법론이 제시되어야 할 것인데, 커즈와일은 아무것도 제시하지 않는다.

관찰 선택 효과(Observation selection effect)의 전형이다. 자신이 알고 있는 임의적 사실만을 연결하는 것이다. 자신이 알고 있는 사실이 전체라고 전제하는 것으로 전형적인 유아론적 태도다. 이는 일종의 나르시시즘이다. 그의 주장이 사실이라면 우리의 세계는 매우 결정론적이다. 아무런 여지도 남아 있지 않을 것이다.

그의 주장은 너무나도 단순해서 놀랍다. 그는 연대기적 사건을 나열한다. 좌표상에서 최초의 생명체 등장을 시작으로 진핵 세포의 등장, 캄브리아기 생명 폭발, 파충류, 포유류, 영장류, 호미노이드 등의 순으로 열거한다. 이어서 기술적 발전 사건들로 이어진다. 예술과 초기 도시, 농업, 저술과 바퀴, 도시 국가, 인쇄술과 실험 방법, 산업혁명, 전화와 전기와 라디오, 컴퓨터, 개인용 컴퓨터 출현 등이다. 그 좌표를 보며 그는 그 사건들 사이 시간이 갈수록 급격히 짧아졌다고 주장한다.

현재 우리가 알고 있는 사건만으로 패턴을 구성하는 것은 의미가 없다. 우리가 알고 있는 사건은 우리 시대와 가까울수록 더 많이 발견되었을 가능성이 크다. 따라서 그 사건들을 열거하면 당연히 근대에 가까워질수록 사건의 시간 간격이 짧아질 수밖에 없다.

현재 우리가 알고 있는 사실적 진실(데이터)은 현실

자체가 아니다. 생물학적 발견은 지금도 진행 중이다. 최초의 생명체와 진핵 세포 사이에 아무것도 없었다고 단정할 수 있는 생물학자는 없다. 생물학적 사건과 기술적 사건을 하나의 선으로 연결하는 방식 역시 몹시 기이하다. 생물학과 기술, 그리고 사회와 뇌에 이르기까지 전혀 다른 분야의 사건들을 하나의 선으로 관통시키는 설명 모델을 상상할 수 있을까?

지표의 대표성도 문제가 있다. 그가 제시한 기술적 사건과 사회 문화적 사건이 인간의 발전을 얼마나 대표할 수 있는가? 그가 열거한 사건만이 언급할 가치가 있는 사건인가? 그 외 다른 사건들은 무시되어도 될 만한 것인가? 관련 전문가의 의견이나 인용도 전혀 없고, 커즈와일 자신도 그런 고민이 전혀 없다. 이들 사건 지표의 나열은 커즈와일의 개인적 취향에 의한 선택이라고 추정할 수밖에 없다.

그는 일종의 '통일 이론'을 내놓은 것이다. 너무 '과감한 시도'인데 특별한 지적 없이 유통되어 왔다. 근거 없이 이런 모델을 제시한 커즈와일도 문제지만, 그런 모델이 대중적으로 널리 유포되고 있는데도 그 주장을 비판하며 나서는 전문가는 별로 없다. 아마도 굳이 나서려 하지 않는 전문가 문화 때문일 것이다.

환원주의 세계관

단순한 몇 가지 지표를 임의로 선정하여 인과적 설명의 근거로 삼고 절대화하는 경향을 환원주의(Reductionism)라고 한다. 대표적으로 유전자 환원주의, 또는 유전자 결정론을 들 수 있다. 유전자상의 단순한 특징을 근거로 마치 그 사람의 미래 운명이 결정된 것처럼 간주하는 것이다. 특정 질병 소인이 유전자상에 명확하게 표지되는 경우는 많지 않다. 또한 그런 표지가 확인되더라도 그 사람이 반드시 그 질병에 걸리는 것도 아니다. 질병은 유전자만으로 결정되지 않는다. 그 사람의 생활 습관, 환경과 같은 더 복잡한 조건이 질병의 발현에 개입한다.

커즈와일의 주장은 다윈 이론에 어긋난다. 다윈의 자연선택설은 생명 종들의 진화가 '열등한 것에서 고등한 것으로 발전'한다는 기존의 결정론적 진화론을 부정한다. 다윈 이론의 핵심은 생명 종 사이에 우열이 없다는 것이다. 모든 종의 진화는 미리 결정된 것이 아니라 어떤 환경을 만나느냐에 의존한다. 그 생명 종이 어떤 환경을 만나게 될지는 미리 결정된 것이 아니다. 다만 그 종이 환경 변화에 대면하는 그때가 되어서야 비로소 결정된다. 따라서 현재 지구상에 존재하는 모든 생명 종은 자신의 환경에 잘 적응해 온 결과이며, 그런 점에서 모두 '고등한 존재'다.

그런데 커즈와일은 생명 종이 복잡성과 능력이 기하급수적으로 증가한다고 말하면서, 생명 종이 열등한 것에서 고등한 것으로 상향 발전한다고 주장한다. 커즈와일의 생명관은 다윈이 비판했던 결정론적 진화 모델로 회귀하는 것이다. 이것은 생명 종에 대한 우열적 관점이며 인간중심주의다. 이런 태도는 즉각적으로 우생학적 관점으로 유도될 가능성이 있다. 생명종 사이의 우열이 있다는 주장은 인간 사이에도 우열이 있다는 생각과 동조하기 때문이다.

이런 맥락에서 그는 인공지능과 인간의 관계도 우열적 경쟁 관계로 설정한다. 그의 설명 모델 속에서 모든 사건, 모든 행위자는 서열이 매겨진다. 그 외 다른 기준이나 해석 방식은 없다.

튜링테스트에 대한 오해

커즈와일은 AI 전문가로 알려졌지만, 튜링 테스트의 취지조차 이해하지 못하고 있다. 커즈와일 저술 전반을 살펴보면 그는 기술과 사회를 이원론적으로 분리하고 있다. 그는 AI 기술이 단지 기술자 집단에 의해서만 출현할 것으로 보고 있다.

그러나 튜링테스트에서 핵심 역할은 '인간 면접관'에게 있다. '생각하는 기계'는 지능 테스트를 통과하기 위해서는 인간 구성원처럼 행동해야 한다. 그래서 기계는 인간 면접관들에 의해서 '인간 동료'라고 인정받아야 한다. 튜링이 제시한 테스트에서는 평범하게 일상을 사는 사람들이야말로 '지능의 여부'를 판정하는 진정한 주체다. 튜링은 기술과 사회의 혼합 과정을 제안했던 것이다.

기계가 인간 면접관에게 승인받는 일은 결코 쉽지 않다. 많은 대회가 열렸지만, 여전히 테스트를 통과했다고 흔쾌히 인정할 만한 기계는 등장하고 있지 않다. 현재 많은 AI 대화 서비스가 유통되고 있지만, 인간 동료로 승인되었다고 할 수 없다. 때로는 너무 뛰어나서 때로는 환각 때문에 인간 친구와 다르다. 튜링이 상상한 인공지능은 최종적으로 사회적으로 인간 구성원들에 의해서 승인되는 것이다. 기술만으로 튜링테스트를 통과할 수 없다. 현재 AI 서비스는 인간으로부터 학습하고 있다.

무엇보다 튜링은 '생각하는 기계'가 인간을 대체할 것으로 전망하지 않았다. 대신에 '생각하는 기계'가 인간을 도울 것이라고 기대했다. 튜링의 생각하는 기계는 인간과 경쟁해서 이기려는 목적을 가지지 않는다. 인공지능은 인간의 동료이자 협력자여야 한다. 그렇지 않다면 인간(사회)이 그 기계를 만들 동기를 가질 수 없을 것이다.

우열주의 경계하기

많은 문제에도 불구하고 커즈와일의 주장이 쉽게 유포되고 있다. 마치 검증된 진실인 것처럼 미디어와 정부 보고서에도 등장하고 있다. 그 때문에 사람들은 AI에 대해서 근거 없는 낙관론을 펴거나, 때로는 AI 혐오와 비관론에 빠진다. 커즈와일식의 해설은 AI에 대한 이해를 돕기는커녕 오해를 부추김으로써 AI 기술에 대한 사회적 논의의 기회를 박탈한다.

커즈와일의 우열주의는 경쟁과 불평등을 정당화한다. 나아가 인종차별과 같은 비윤리적 문화를 확산한다. 이것은 오히려 AI 기술의 운명을 비극으로 유도할 수 있다. 평범한 사람들이야말로 상식과 경험의 담지자라는 사실을 기억한다면, AI 환상이 상식을 압도하지 않도록 주의를 기울일 수 있다.

커즈와일의 주장은 '백해무익'하다. 단 하나 의미가 있다면 그것은 그 주장을 비판하는 논의가 시작될 때일 것이다. 터무니없는 그의 주장을 대신하여 건강한 AI 담론의 필요를 불러일으키기 때문이다. 우리는 경험과 상식에 근거하여 AI 논의를 시작할 수 있다. 서로의 주장을 성찰하면서 AI와 우리 삶의 관계에 대한 실용적 접근을 촉진할 수 있다.

참고문헌

김지연(2025). 《인공지능과 인간: 관계적 존재론을 향하여》. 드림미디어.

대런 아세모글루 · 사이먼 존슨(2023). 《권력과 진보: 기술과 번영을 둘러싼 천년의 쟁투》. 김승진 옮김. 생각의힘.

Turing, A. M.(1950). Computing Machinery and Intelligence. *Mind, 59*, pp.433~460.

03
파르마콘의 사용자

파르마콘(parmakon)은 그리스어로 '약'이기도 하고 '독'이기도 하다. 플라톤(2019)은 문자를 파르마콘으로 지목했다. '대화'는 살아있는 답을 하는 데 비해서 문자는 기계적인 반응만 하기 때문이다. 이후 파르마콘은 인공물(기술)을 상징하게 되었다. 역사적으로 인간은 다양한 파르마콘을 창조했고 숭배했다. 그리고 인간은 '파르마콘의 사용자'가 되었다.

인공지능과 편향?

진보주의 발전 논리

AI 기술이 우리 삶의 형식을 전환한다면, 이 기술은 우선 사회적 의제가 되어 마땅하다. 그런데 현실은 전혀 그렇지 않다. 경쟁적으로 AI를 칭송하거나 숭배할 뿐이다. 이 새로운 현상에 관한 사회적 논의를 찾아보기 어렵다. 인터넷이 등장하던 20세기 말과 비교할 때 그 정도가 심각하다.

최근 AI 사용 실태를 조사한 미국의 한 보고서에 따르면(Pankaew, 2025), 조사 대상자의 약 60%가 AI를 일상에서 사용하고 있다. AI 활용 목적으로 글쓰기와 편집이 62.77%로 가장 높았다. 사용자들이 창작 활동에 AI를 적용하고 있다. 이 책을 쓰는 동안에도 사용자 수는 빠르게 증가하고 있다.

우리나라도 2025년 1월 「인공지능 발전과 신뢰 기반 조성 등에 관한 기본법(이하 인공지능 기본법)」을 제정했다. 그런데 이 법은 주로 산업(기술) 진흥 관점을 반영하고 있어서, AI 문제를 종합적으로 보기 어렵게 하고 있다. 이런 관점을 흔히 휘그 사관(진보주의, 기술결정론)이라고 한다. 휘그 사관은 공식적으로 폐기되었지만, 여전히 정책 입안자의 의식을 지배하고 있다. 기술 투자만 충분히 제공하면, 기술이 '자동으로' 성장할 것이라는

'발전 논리'를 유도한다. 이런 관념은 우리의 마음을 편안하게 해 주지만 세계 인식을 오도한다. 이런 관점은 신기술의 정당한 거주지를 형성하는 대신 일방적인 지배 질서를 강화하고 불평등을 심화한다.

AI의 사회적 영향력을 고려하면 시급하게 사회적 논의를 시작해야 한다. 그런데 '기계 물신주의' 또는 기술 결정론, 그리고 '이원론적 관점에 기반한 전통적인 기술 이론은 AI 기술 현상을 설명하기에 적절하지 않다(Schaffer, 1994; 1999; Casilli, 2025). 기계와 인간의 관계를 경쟁과 대립이라는 파국으로 몰아가기 때문이다. 그런 설명 모델은 양자 모두의 성장을 방해한다.

대안적 접근법은 AI와 사용자 관계에 주목하는 것이다. 사용자 집단은 전통적인 전문성과 또 다른 형태의 전문성을 제공하며, 새로운 질문과 상상을 열어준다. 물론 사용자 집단이 항상 이상적으로 행동했다는 것은 아니다. 그러나 전문가나 개발자도 마찬가지로 취약하다는 점을 잊지 말자.

기술 사용자

기술은 기술만으로 만들어지지 않고 사회도 사회적인 것만으로 이루어지지 않는다. 기술적인 것과 사회적인 것은 서로를 구성함으로써 자신을 구성한다. 마찬가지로 기술은 개발자만으로 만들어지지 않는다. 사용자와 기술은 하나의 문제를 구성하는 두 측면으로, 서로를 공동-구성한다고 보는 것이 적절하다(Oudshoorn, 2003). 그래서 기술사회학은 기술 개발만이 아니라 동시에 기술 사용자 연구에 관심을 가져왔다(Pinch & Bijker, 1987; Cowan, 1987; Wajcman, 1991; Lerman et al., 1997; Oudshoorn, 2003).

사용자에 주목한 초기 접근법은 기술의 사회적 구성(SCOT, Social Construction of Technology) 연구자들에게서 왔다. 핀치와 바이커(Pinch & Bijker, 1987)는 기술 구성에 참여하는 집단을 '연관 사회집단'으로 개념화했다. 특정 사회집단은 기술에 대해 서로 다른 의미를 부여한다. 어떤 집단은 그 기술의 '위험'에 주목하고, 또 다른 집단은 '성능'에 집중한다. 그로 인해 '기술의 해석적 유연성(technology's interpretive flexibility)'이 발생한다. 이런 맥락에서 기술은 단계적이거나 순차적으로 발전(선형 모델)하는 것이 아니라 다양한 경로를 따라 전개된다(다방향 모델).

페미니스트 학자들은 사용자의 서사를 더욱 풍부하게 만들었다. 역사적으로 여성은 기술에서 주요 인물로 언급된 적이 거의 없다. 과거 기술사 연구는 기술의 설계와 생산에만 집중했기 때문에 남성과 남성이 만든 기계에 관한 이야기로 채워지곤 했다(Cowan, 1987; Wajcman, 1991; Lerman et al., 1997). 루쓰 코완(1997)은 기술 사용자로서 여성에 주목했다. 기술 분석의 출발점을 인공물이나 기술자가 아니라 사용자로 삼아야 하며, 기술 네트워크를 관찰하고자 할 때 그 말단에 위치한 소비자의 관점에서 바라볼 수 있어야 한다.

더 나아가 기술 사용자 연구는 기술 반대자 또는 비사용자 연구(Pinch & Bijker, 1987; Wyatt, 2003)도 포함한다. 기술 반대자나 비사용자는 기술 사용자가 대변하지 못하는 또 다른 세계를 대변하는 연관 사회집단이다. 그들을 통해서 전혀 다른 기술적 성격을 조망할 수 있다.

사용자 연구 접근법

사용자-기술 관계에 대한 중요하고도 새로운 접근법 중 하나는 기호학(semiotics)이다. 이 분야에는 '사용자 구성하기(configuring the user)'와 '스크립트(script)' 개념이 있다. 우선 '사용자 구성하기' 개념을 제안한 스티브 울가(Woolgar, 1991)는 기계를 일종의 텍스트로 간주하면서, 사용자를 '독자'로 정의했다. 사용자는 기계를 '읽는 방식'에서 제한당할 수밖에 없다. 기계가 설계되고 생산되는 과정에서 미래의 잠재적 사용자를 미리 구성하기 때문이다. 다시 말해서 구성하기(configuring)란 "가상의 사용자 정체성을 정의하고, 그들의 미래 행위를 제한하는 과정"이다. 그 결과 사용자는 기계를 읽는 방식에 영향을 받는다. 바로 기계의 자율성이 발생하는 지점이다(김지연, 2025: 8장). 그러므로 기술 사용 과정은 사용자에 대한 감수성과 책임성을 요구한다.

아크리치와 라투르(Akrich & Latour, 1992)는 '스크립트(script)' 개념을 창조했다. 그들은 기술적 대상의 '고집스러움(obduracy)'에 주목했다. 이는 인간에게만 행위자 지위를 부여하는 접근법을 극복하려는 의도다. 기술을 다양한 행위자로 구성된 이질적 네트워크(heterogeneous networks)의 형성 과정으로 설명할 때, 그동안 누락된 것이 드러난다(Akrich, 1992; 1995; Oudshoorn, 2003; 라투르, 2023).

사용자는 단지 정해진 방식으로 사용하는 것을 넘어서 보다 적극적으로 행동하기도 한다. 해커 운동은 잘 알려진 사례다. 그들은 1960년대 컴퓨터 사용자였고 개발자였다. 1980년대 소프트웨어 분야에서 사용자는 기술의 방향을 주도했다. GNU(GNU's Not Unix!) 운동은 사유재산권 폐지 투쟁을 주장하지 않으면서도, 과잉 점유에 저항하는 사용자 흐름이다. 피냐르와 스탱게르스(Pignarre & Stengers, 2011: 119)는 사용자라는 개념이 너무 포괄적이어서 왜곡될 수도 있지만, 그런데도 "사용자 운동은 시민운동보다 흥미롭다"(같은 책: 120)고 말한다. 무엇보다 사용자들은 구체적으로 사용과 남용을 구분하는 수단을 창출한다. '사용자의 계산(Calculemus of users)'은 특수한 상황 속에서만 기발한 모습으로 출현한다(같은 책: 121). 그들은 현실을 살아가는 실용주의자들이다.

기술 사용자 연구의 전통을 종합하면, AI 기술 역시 개발자(기업)에 의해서만 만들어지지 않을 것임을 알 수 있다. 흔히 개발자들이 해당 기술을 더 잘 알고 있을 것으로 간주하지만 현실은 그렇지 않다. 개발자들은 언제나 소수이고 그들이 고려할 수 있는 것에는 한계가 있다. 반면에 기술 사용자는 모든 곳에 존재하며 지칠 줄 모르는 실험을 해내곤 한다. (모든 곳에 존재할 수 있다는 것은 '신의 속성'이다) 그래서 그들은 기술의 잠재성도 그리고 위험도 민감하게 발견한다.

파르마콘

플라톤(2019)에 따르면, '테우트(Theut)'라는 고대의 신은 수와 산수, 기하학과 천문학, 장기나 주사위 같은 놀이만이 아니라 문자도 발명했다. 테우트는 기술자를 상징한다. 이에 대해 이집트의 왕 타무스(Thamus)는 말했다. "문자는 실로 그것을 익히는 사람들이 건망증에 걸리게 할 것이오… 그대의 제자들은 그대 덕분에 제대로 가르침을 받지 않고도 많은 것을 읽을 수 있어 대개는 아무것도 모르면서 자신이 많이 알고 있는 것처럼 보일 테니 말이오. 또한 그들은 실제로 지혜로운 대신 지혜롭게 보이기만 하므로 함께하기가 어려울 것이오(같은 책: 111~112)." 이 이야기는 플라톤의 문자 비판으로 알려졌고 최초의 기술 비판으로 평가받는다.

인류학자 토비 나탄과 과학철학자 이자벨 스탱게르스(Nathan & Stengers, 2012)는 기술을 파르마콘으로 지칭한다. '파르마콘의 사용자'는 파르마콘에 대응하는 존재다. 이 명칭은 그 자체로 사용자와 파르마콘 사이의 관계성에 주목하게 만든다. 파르마콘은 그리스어에서 온 말로, '치료제'일 수도 있으면서 '독'이 될 수도 있는 모호한 힘을 총칭한다. 사용자는 파르마콘을 약으로 만들기도 하고 독으로 만들기도 한다.

기술은 일반적으로 합리성이라는 특질을 가진다. 타무스 왕이 지적한 것처럼, 나탄과 스탱게르스(Nathan & Stengers, 2012: 131)는 그 합리성에 대해서 경고한다. 그것은 파르마콘의 미덕이다. 그러나 또한 다른 사고와 행동을 할 가능성을 방해한다. 예를 들어 현대의 제약 산업은 문자 그대로 파르마콘의 특질을 보여 준다. 자가 진단용 설문지 같은 간단한 기계적 방식을 통해서 주체의 몸과 정신에 질병을 부과한다. 그렇게 환자의 몸을 포획하고 자신의 질서 안으로 흡수한다. 그러면 사람들은 약물의 소비자가 된다. 그 순간 다른 가능성은 삭제된다.

물론 약물을 금지하자는 것은 아니다. 마찬가지로 기술의 금지는 우리의 목표가 아니다. 어떻게 흥미롭고도 두려운 그 힘과 함께 살아갈 것인가? 환자(사용자)는 자신이 겪는 고통에 대해 유일하게 알고 있는 사람이다. 그는 자기 경험을 근거로 자신에 대한 처분에 개입할 수 있어야 한다. 그들의 경험이야말로 의사(합리성)가 미처 알지 못한 '진짜 현실'이다.

사용자들

사용자 문화(user culture)는 단지 기능적이고 합리적인 차원을 넘어서 집단적 관심사와 집단적 지식에서 나온다. 바로 '집단적 전문성(collective expertise)'이다. 그 전문성은 기술의 여러 힘과의 만남에서 나오는 사용자 집단의 경험으로 만들어진다(Nathan & Stengers, 2012: 154~155). 이러한 경험은 사용자 집단만이 구성할 수 있는 실천적 지식을 형성한다. 이 지식은 그 자체로 가치가 있다. 기술에 생명을 불어넣기 때문이다. 사용자 문화는 대체로 다른 지식의 집합성이나 가치도 폭넓게 인정한다(다원주의적 접근). 그들은 누구보다 실용주의자들이기 때문이다. 그런 점에서 사용자 집단은 진보의 이름으로 배제되고 폄하된 것을 계승한다. 사용자 문화는 근대사회가 의도적으로 직조하는 합리주의와 진보주의로 인해 파생하는 무력감에 저항할 대안적 힘이다.

나탄과 스탱게르스(Nathan & Stengers, 2012: 170~171)에 따르면, 사용자 집단은 기술 사용 과정에서 자연발생적으로 출현한다. 우선 (1) 힘, 즉 양면적인 힘이 등장한다. 이 힘은 한편으로 흥미롭고 다른 한편으로 위험하다. 그리고 이어서 (2) 이 힘에 관심을 가지며 동시에 염려하는 집단이 형성된다. 이 집단은 그 힘을 통제할 방법을 조사 · 연구한다. (3) 집단적 수단을 통해, 사회적 환경 안에서, 그 힘을 제도화한다.

'바쿠스의 여신도들'은 고대의 사용자 집단을 예증한

다. 그리스에서 디오니소스 숭배는 단순히 종교적 숭배였을 뿐만 아니라 대중적인 치료법이기도 했다. 그들은 대부분 여성으로 구성된 집단이었으며, 디오니소스 의식의 틀 안에서 공통의 자원을 중심으로 모였다. 사용자 집단이 존재한다는 것은 어떤 '힘'의 존재를 암시한다. 바쿠스의 여신도들은 제도화로 나아가지는 못한 것으로 보인다. 오비디우스의 《변신 이야기》와 에우리피데스의 《박코스의 여신도들》은 그들의 잔인한 힘에 관한 이미지를 남겼다.

사용자 집단이 중요한 역할을 떠맡는다면 그 세계에서 전문가는 어떤 역할을 하게 되나? 그들은 사라지나? 아니다. 그들은 여전히 전문가로 남을 것이다. 다만 이제 더 이상 독점적 전문가가 아닐 것이다. 사용자 집단이 다른 형태의 전문성을 제공하며 새로운 질문을 던질 것이기 때문이다. 이제 전문가들은 자신의 관점을 사용자 집단과 공유하고 논의하며 의제에 올려놓기 위해 노력할 것이다(Nathan & Stengers, 2012: 176).

사용자와 동조하는 전문가들은 자기 기술을 민감하게 변화시키려고 할 것이다. 전문가들은 어떤 방식으로든 사용자 집단을 자신의 고유한 공간 안으로 끌어들여야 할 것이다. 이것은 단일한 목소리만 존재하던 세계에 대립적인 다른 목소리를 허용하는 것을 의미한다. 이로써 기술 세계는 좀 더 지속 가능해진다.

학습과 사유의 윤리

AI 기술은 처음부터 완성된 형태로 오지 않는다. 모든 기술은 사용자 환경에서 적응하는 과정을 겪는다. AI 기술은 더욱 그래야만 한다. AI의 작동 원리가 학습을 통해서 자신을 스스로 개선하는 것을 목표로 하기 때문이다. 우리가 환경을 통해 사유할 것을 요구받는 것처럼(Stengers, 2023: 106), AI도 환경을 통해 자신의 정체성을 구성할 수 있어야 한다. 환경이란 자신을 둘러싼 모든 타자를 가리킨다. 그러므로 사유한다는 것, 그리고 학습한다는 것은 타자와의 관계를 사유하고 학습한다는 것이다. 이는 다른 말로 하면 윤리적인 과정이다. AI를 달성하는 작업은 윤리적인 존재를 생성한다는 의미로 읽혀야 한다.

이런 맥락에서 AI를 탐구하는 일은 AI 내부를 들여다보는 방법(예, 알고리즘 분석)보다는 AI와 다른 행위자 사이의 관계를 탐구하는 방법이 더 유효하다. 이 점에서 사용자 연구는 가장 현실적인 접근법이다. 이 접근법은 산업적 관점의 사용자 연구와 거리를 둔다. 단지 AI 서비스 개선을 위한 사용자 연구가 아니라, 사용자의 권한 강화를 최종 목표로 해야 한다. 그래서 이것은 사용자를 개별로 간주하기보다 '집단적 사유체'로서 포착하고자 한다. 기술 사용자가 하나의 집단 정체성으로 출현할 때, 이 '집합적 인물'은 무엇인가를 주장할 수 있는 정치적 행위자가 된다. 그 주장은 기술의 운명에 관한 내용도 포함할 것이다. 기술 사용자는 한편으로 기술에 개입하며 다른 한편으로 기술을 대변할 것이다. 그 순간 기술은 비로소 정당한 지위를 얻는다.

참고문헌

김지연(2025). 《AI와 노동, 관계론적 접근》. 커뮤니케이션북스.

루쓰 코완(1997). 《과학기술과 가사노동: 일이 더 많아진 주부》. 김성희 외 옮김. 학지사.

브뤼노 라투르(2023). 《존재양식의 탐구: 근대인의 인류학》. 황장진 옮김. 사월의책.

플라톤(2019). 《플라톤 전집 2, 파이드로스 편》. 천병희 옮김. 도서출판 숲.

Akrich, M.(1992). The De-Scription of Technical Objects. In Bijker, W. E. & Law, J.(eds.). *Shaping Technology/Building Society: Studies in Sociotechnical Change*. MIT Press.

Akrich, M.(1995). User Representations: Practices, Methods and Sociology. In Rip, A. et al.(eds.). *Managing Technology in Society-The Approach of Constructive Technology*

Assessment. Pinter Publishers.

Akrich, M. & Latour, B.(1992). A Summary of a Convenient Vocabulary for the Semiotics of Human and Nonhuman Assemblies. In Bijker, W. & Law, J.(eds.). *Shaping Technology/Building Society*. MIT Press.

Casilli, A. A.(2025). *The Hired Hands of Automation: Waiting for Robots*. In Brown, S.(trans.). The University of Chicago Press.

Cowan, R. S.(1987). The Consumption Junction: A Proposal for Research Strategies in the Sociology of Technology. In Bijker, W. et al.(eds.). *The Social Construction of Technological Systems*. MIT Press.

Lerman, N. E. et al.(1997). Gender Analysis and the History of Technology. *Technology and Culture, 38*(1), pp.1~213.

Nathan, T. & Stengers, I.(2012). *Doctors and Healers*. In Muecke, S.(trans.). Polity Press.

Oudshoorn, N. & Pinch, T.(2003). *How Users Matter: the Co-construction of Users and Technologies*. MIT Press.

Pankaew, D.(2025.1.10). Where People Rely the Most on AI. https://www.listening.com/blog/where-people-rely-the-most-on-ai

Pignarre, P. & Stengers, I.(2011). *Capitalist Sorcery: Breaking the Spell*. In Goffey, A.(trans. & ed.). Palgrave Macmillan.

Pinch, T. J. & Bijker, W. E.(1987). The Social Construction of Facts and Artifacts: or How the Sociology of Science and the Sociology of Technology Might Benefit Each Other. In Bijker, W. et al.(eds.). *The Social Construction of Technological Systems*. MIT Press.

Righetto, G. G. et al.(2022). User Studies, Mediation of

Information and Information Literacy in the Contexts of Social Vulnerability: Possible Dialogues. *Revista Interamericana de Bibliotecologia, 45*(3), pp.1~13.

Rong, Y. et al.(2024). Towards Human-Centered Explainable AI: A Survey of User Studies for Model Explanations. *IEEE Transactions on Pattern Analysis and Machine Intelligence, 46*(4), pp.2104~2122.

Schaffer, S.(1994). Babbage's Intelligence: Calculating Engines and the Factory System. *Critical Inquiry, 21*(1), pp.203~227.

Schaffer, S.(1999). Enlightened Automata. *The Sciences in Enlightened Europe,* pp.126~165. University of Chicago Press.

Stengers, I.(1997). *Power and Invention: Situating Science.* University of Minnesota Press.

Stengers, I.(2000). *The Invention of Modern Science.* University of Minnesota Press.

Stengers, I.(2023). *Making Sense in Common: A Reading of Whitehead in Times of Collapse.* University of Minnesota Press.

Wajcman, J.(1991). *Feminism Confronts Technology.* Polity.

Woolgar, S.(1991). Configuring the User: The Case of Usability Trials. In Law, J.(ed.). *A Sociology of Monsters.* Routledge.

Wyatt, S.(2003). Non-Users Also Matter: The Construction of Users and Non-Users of the Internet. In Oudshoorn, N.(ed.). *How Users Matter : the Co-construction of Users and Technologies,* pp.67~80. MIT Press.

04
몬테카를로 시뮬레이션

'인공지능'은 1950년대 기술적 개념이 되었고, 다양한 기원에 의해 복합적으로 구성되며 오늘에 이르렀다. 먼저 물리학 연구 과정에서 등장한 몬테카를로 시뮬레이션의 역사와 내용을 알아보자. 이 방법론은 매우 강력해서 그 가능성이 '0'이 아니라면, 그것을 구현해 준다. 과학자들은 한편으로 '죄를 짓는 느낌'이라고 말하면서도 이 방법론을 추종하는 사용자 집단이 되었다.

청각장애인과 AI?

실험인가? 이론인가?

몬테카를로 시뮬레이션은 1940년대 미시 물리학자들에 의해서 개발되었다. 이 실험적 기법이 없었다면 입자 가속기와 같은 거대 검출기는 '귀머거리이고 장님이고 벙어리'였을 것이다(갤리슨, 2021). 컴퓨터에 기반을 둔 이 시뮬레이션 기법은 사실상 20세기 후반 미시 물리학 분야를 창조했다. 이후 AI 개발자들이 몬테카를로 시뮬레이션의 매력적인 힘을 흡수하기 시작했다. 미시 물리학의 역사에서 몬테카를로 시뮬레이션의 지위를 이해한다면 AI 기술 성장에 관한 새로운 통찰을 얻을지도 모른다. 몬테카를로라는 명칭은 모나코에 있는 카지노 지역 이름에서 왔다. 이 이름은 이 방법론이 모호하고 위험천만한 성격임을 암시한다.

시각적 비전, 그래픽, 기계 학습과 로보틱스 등 현대의 첨단 시스템은 많은 수의 구성 요소들 사이 복잡한 상호작용으로 이루어진다. 이를 매듭(구성 요소)과 연결선(상호작용)으로 구성된 그래프로 표현한다면, 너무 복잡해서 아무런 패턴이나 질서도 발견할 수 없을 것이다. 그래서 무작위적 표본으로 단순화한 확률적 모델로 관리하는 것이 대안으로 등장했다. 바로 몬테카를로 시뮬레이션의 발상이다.

몬테카를로 시뮬레이션의 기본적인 착상은 '복잡한 확률적 사건'을 시뮬레이션하기 위해서 '단순한 무작위 사건'으로 축약하는 것이다. 여기서 그 확률 분포를 공정하게 재현하는 표본 분포를 생성하는 것이 핵심이다. 예를 들어서 정사각형에 내접한 원이 있고, 그 원주율(π)을 정확하게 계산하고 싶다고 하자. 정사각형이 점들로 가득 차 있다고 가정한다. 우선 그 점을 무작위로 취합한다. 그리고 정사각형 내에 있는 점들의 총수에서 원 안에 있는 점들의 수가 차지하는 비율을 계산한다. 점의 수가 촘촘해질수록 정사각형 넓이($4r^2$)에서 원의 넓이(πr^2)의 비율에 수렴하게 된다. 답은 π/4이다. 이 계산의 엄밀성은 점이 얼마나 공정하게 분포하느냐에 달려 있다. 무작위 방법이 그 공정성을 보증할 것이다. 불가피하게 완전한 무작위 수를 알 수 없다면, 유사-무작위 수 생성기를 사용한다.

미시 물리학에서

미시 물리학 연구에서 플라즈마로 가열되는 거대한 토카막이나 핵분열, 핵융합이 복합된 핵무기, 그리고 로켓 유도 시스템은 실험실에서 구현하기 어렵거나, 또는 실험을 구현하더라도 유의미한 결과를 관찰하기 어렵다.

실험에 막대한 비용이 들어서 유의미한 정도로 다각적인 시도를 통한 데이터 생산이 불가능하다.

이런 불확실한 조건에서 폰노이만과 울람(John von Neumann & Stanislaw Ulam)은 확률 통계적으로 관리할 수 있는 모사 기법을 고안했다. 제2차 세계대전 당시 이들은 핵무기의 핵분열 핵심부에서 중성자들이 우라늄 핵을 쪼개고 산란시키고 다시 결합하는 과정을 이해하는 연구 과제를 수행하고 있었다. 그들은 복잡한 자연을 흉내 내기 위해서 디지털 장치를 이용했다. 컴퓨터로 무질서한 산란 모형을 만들어서 핵분열 과정을 '재창조'할 수 있었다. 기계를 기반으로 하는 유체 역학 모형은 성공적이었다. 과학자들은 가상 세계를 세웠고 그곳에서 '실험'을 수행했다.

과학자 공동체는 전통적으로 과학 지식을 공유하면서 발전시켜 왔고, 이 방법도 과학자 공동체 안에서 진화했다. 이 방법은 추가적인 이득도 있었다. 다양한 학문 분과 영역에서 온 사람들이 함께 공동 연구를 수행하는데 전문성이 다른 연구자들 사이에서 의사소통은 언제나 쉽지 않았다. 그런데 시뮬레이션을 통하면 누구나 이해할 수 있을 만큼 직관적이어서 수월하게 의사 결정에 이를 수 있었다. 시각화된 모사 모델을 보면 누구든지 그것을 믿지 않을 도리가 없었다.

실험과 이론의 중간 현실

과학사학자 피터 갤리슨(Peter Galison)에 따르면, 몬테카를로 기법은 실험 영역과 이론 영역 모두로부터 개념을 빌려와서 융합시켰고, 그 혼합물로 실험과 이론 사이 중간 어딘가에 해당하는 '모사된 현실', '흉내 낸 현실'을 만들어 냈다. 지도상 어디라고 꼬집어 지목할 수 없지만, 모든 곳이라고도 할 수 있는 '미지의 땅'을 만들어 낸 것이다.

전쟁이 끝난 후 몬테카를로는 더욱 필수적인 방법이 되었다. 폰노이만은 동료 과학자 스탠리 프랑켈과 니콜라 메트로폴리스와 함께 애니악(ENIAC)을 활용하여 열핵무기에 관한 더 복잡한 문제에 도전했다. (너무 작아서 관찰하기 어려운) 미시 입자의 산란을 어떻게 설득력 있게 보여 줄 것인가?

몬테카를로 기법이 제격이었다. 하지만 문제도 있었다. 컴퓨터가 허용하는 제한된 수의 입자들로 수행되는 모사 실험이 엄청나게 많은 수의 입자로 이루어진 복잡한 현실 입자의 움직임을 제대로 대표하는지를 증명하는 문제였다. 이것은 시뮬레이션 방법론의 대표성 또는 재현성에 관한 문제다.

이 기법이 불러일으킨 또 다른 논쟁 중 하나는 사람들이 언급하는 '증명'의 의미에 관한 것이다. "그것은 이론인가? 실험인가? 아니면 완전히 새로운 그 무엇인가?"

몬테카를로 시뮬레이션 사용자들은 대체로 자신을 '실험 과학자'라고 표현했다. 그러나 그 '실험'은 전통적인 실험실에서 이루어지는 것이 아니라 컴퓨터 자판 위에서 수행되었다. 그런데도 그들은 자신이 이론 과학자보다는 실험 과학자에 더 가깝다고 생각했다. 그들이 '자료'를 만들고, 그 자료를 처리하는 데 시간을 많이 보내기 때문이다. 자료에 관한 작업은 주로 실험 과정에서 이루어지는 활동이다.

무작위의 공정성

울람과 폰노이만은 1947년 미국 수학회에서 처음으로 몬테카를로 시뮬레이션을 개략적으로 소개했다. 열핵무기와 확률, 중성자 증식, 역학을 설명하기 위해서 게임 메타포를 사용했다. 몬테카를로 시뮬레이션 과정은 일종의 '혼자 하는 카드 게임'과 유사하다. 컴퓨터가 단독으로 이 게임을 수행하려면 '무작위적인' 수는 필수적이다.

'무작위적'이라는 단어에 따옴표를 붙인 이유는, 그런

수를 발생시키는 과정 자체가 논쟁적이기 때문이다. 최초에 어떤 범위에서 무작위 수를 만드느냐에 따라서 결과는 달라질 수 있다. 어떤 수를 끄집어내서 게임을 하듯이 여러 가지 다른 분포를 구할 수 있다. 마치 카지노에서 한 쌍의 주사위를 던지는 것과 같다.

엄밀한 의미에서 절대적인 무작위 수란 존재하지 않는다. 다만 임의의 게임에서 충분히 많은 예를 만들어 내고 그 안에서 상대적인 비율을 검사한다면 실효적으로 도움이 될 수 있다. 그러나 얼마나 많아야 충분한지는 알 수 없다. 혼자 하는 카드 게임의 결과에서 이길 확률을 계산하는 것은 불가능에 가깝다. 다만 어느 정도 많은 게임 사례를 모의 실험하여, 그중에서 성공한 결과의 비율을 검토할 수 있을 뿐이다.

핵분열의 경우, 과학자들은 플루토늄과 같은 활성 물질을 통하여 중성자가 확산하는 정도를 계산해야 했다. 무작위 수를 생성하는 것은 경험적으로 컴퓨터로 수행하는 것이 더 좋았다. 그런데 폰노이만은 “무작위 수를 만들어 내는 산수적 방법을 사용하는 순간 죄를 지은 상태가 된다”고 고백했다. 그것이 무작위 수라는 것을 알 수 없기 때문이다. 단지 무작위 수를 만들어 내는 방법만 존재할 뿐이며, 그것도 엄밀한 산수 과정은 아니었다.

수년에 걸쳐 폰노이만의 무작위 수 발생 계획과 상관관계 시험이 개선되었다. 그동안 '무작위'가 무엇을 의미하는지에 대한 긴 논쟁도 있었다.

절차에 의해 발생한 수

이어서 물리학자 니콜라스 메트로폴리스(N. Metropolis)가 《미국 통계학회 잡지》(1949년 9월호)에 '몬테카를로 방법'이라는 제목의 발표를 함으로써 이 신조어를 세상에 소개했다. 몬테카를로 방법은 인기가 있었고 독자적인 학술대회를 개최할 정도가 되었다.

시뮬레이션을 수행한다는 것은 엄청난 양의 계산을 수행해야 한다는 것을 의미했다. 초고성능 폭탄을 시뮬레이션하기 위해서 다른 방법보다 24배의 시간이 필요했다. 폭탄 시뮬레이션은 많은 변수가 있는데, 변수마다 무작위적 수를 계산해야 했다. 열핵 폭탄 시뮬레이션을 하기 위해서 컴퓨터는 200년 넘게 계산 작업을 해야 한다. 몬테카를로 방법으로 '인공 폭탄'을 시뮬레이션하기 위해서는 고성능 자동 컴퓨터가 필요했다. 그런 컴퓨터를 개발하기 위해서 막대한 공적 자원을 투자해야 한다는 것을 의미했다. 몬테카를로 시뮬레이션은 그런 결정을 끌어낼 만큼 충분히 매력적이었다.

1954년 3월 몬테카를로 학술회의에서, A. N. 마셜은 "아무것도 지불하지 않고 무엇인가를 얻는 것처럼 보인다"고 말했다. 폰노이만의 고백과 같은 맥락으로, 그 기법이 너무도 효과적이어서 '죄책감'을 느낄 정도였다. 노력에 비해 너무 많은 것을 얻어 정당하지 못하다는 감정을 느끼는 것이다.

편차 감소 문제, 초록 눈을 가진 돼지

몬테카를로 상황에서 편차의 감소 문제도 등장한다. 이 방법이 수학적 계산을 실제로 수행하는 것이 아니라 무작위 수로 이루어진 목록의 도움을 받으며 수학적 실험을 수행하기 때문이다. 컴퓨터가 추적할 수 있을 만큼 상당한 규모로 '입자' 표본을 추출하더라도 흥미 있는 현상이 너무 드물게 나타난다. 예를 들어 만일 모방 원자로에서 1000개의 중성자가 나와 그중 10개가 장벽을 투과했다면, 너무나 적은 수라서 그 10개의 입자가 현실의 입자를 구현했다고 보기 어렵다(갤리슨, 2021: 1189).

누군가가 곱슬머리에 발가락이 여섯 개나 달리고 초록색 눈을 가진 돼지를 만들려고 한다. 이 사건이 일어날 확률이 '0'이 아니라면, 몬테카를로 기법은 즉시 그런 돼지를 만들어 낼 수 있다. 그런데 그런 돼지가 시뮬레이션에 등장했다고 해서 그 돼지가 현실에서도 존재한다는 것을 보증할 수 있나?

과학자들은 이런 불확정성을 줄이기 위해 나누기와 통계적 추산, 그리고 중요도 표본 선택 등 세 가지 전략을 개발했다. 이 외에도 전통적인 통계 방법, 즉 상관관계와 회귀, 체계적인 표본 선택, 그리고 계층별로 분류되거나 할당된 표본 선택 등도 등장했다.

게임 이론 메타포

몬테카를로 사용자 그룹은 점차 이 방법론을 '게임'이란 이름으로 부르기 시작했다. 울람(Stanislaw Ulam)은 1954년 게이니스빌 학술회의에서 "몬테카를로 방법을 전술 게임에 응용하기(Applications of Monte Carlo Methods to Tactical Games)"라는 논문을 발표했다. 이때 그는 몬테카를로 시뮬레이션을 '공식 게임 이론(formal game theory)'으로 소개했다. 게임이라는 명칭은 이 방법론의 허구적 특질을 반영한 것이기도 하고 그 결과에 대한 책임을 모호하게 만드는 효과도 있다.

그 후 연구자들은 인간 경쟁, 표본 선택, 확률적 시도, 통계적 물리계, 컴퓨터에 기반한 시뮬레이션, 그리고 때로는 재미 삼아 현실 남녀의 연애에 이르기까지 다양한 사례를 모사하는 데 열중했다. 몬테카를로 시뮬레이션은 집합 이론, 기하, 분자 물리학, 핵무기, 편미분 방정식 등 여러 응용 분야 속으로 확산되었다.

충분히 실제 세계와 같은가?

실험실의 실험 역시 현실 세계 그 자체가 아니다. 과학자는 현실을 모방하면서도 통제 가능한 공간에서 실험을 수행한다. 현실 세계처럼 열린 공간에서는 깔끔한 인과적 질서(패턴)를 구하기 어렵기 때문이다. 과학자는 실험 방법 덕분에 자연의 복잡함을 우회하여 결과를 만들어 낼 수 있다. 이는 실험의 장점이면서 약점이다. 그러므로 실험은 세계를 대변하기에 한계가 있다.

그렇더라도 적어도 실험실 실험은 물리적인 상호작용을 만들어 낸다. 그에 비해서 몬테카를로 시뮬레이션은 물리적인 상호작용이 전혀 존재하지 않는다. 다만 물리적 상호작용을 모사할 뿐이다. 그렇다면 이 방법론은 실제 세계를 충분히 대변하고 있다고 볼 수 있나? 이것은 늘 성찰의 대상이 되어야 한다.

몬테카를로 시뮬레이션은 과학자에게 '자유'를 제공했다. 물리적 실험의 어려움을 극복할 수 있게 해 주었고, 전통적인 편향을 제거하도록 도왔다. 이제 몬테카를로

로는 물리학만이 아니라 화학 시스템, 생물 시스템 등으로 확장되었다. AI 개발자들도 당연히 성공적 결과를 낼 수 있는 이 방법론을 간과하지 않았다. 우리는 몬테카를로 시뮬레이션이 AI 기술 내에서 중요한 구성 요소로 작동하고 있다는 것을 고려해야 한다.

우리는 정치 분야 설문조사 통계에 대해 잘 안다. 전체 인구 중에서 무작위로 표집한 집단을 설문하여 선거 결과를 예측한다. 이 설문조사의 공정성은 표본 생성의 절차적 보증에 달려있다. 이때 우리는 인구 모집단을 잘 알고 있다. 그런데도 오차는 존재하고 설문 결과를 맹신하지 않아야 한다는 것도 잘 알고 있다. 몬테카를로 시뮬레이션은 전체 경우의 수가 얼마인지 모르는 경우가 대부분이다. 안다고 해도 너무 큰 수여서 그에 대한 진정한 무작위 수를 도출할 수 없다. 따라서 표본을 엄정하게 무작위적으로 추출했는지 보증할 수 없다. 다만 무작위를 가정할 뿐이다. 그러므로 설문조사를 대하는 것보다 더 깊은 성찰적 접근이 요구된다.

알파고의 몬테카를로 트리 검색

딥마인드사가 2016년 공개했던, 바둑 게임 인공지능 알파고(AlphaGo)는 다양한 방법론을 종합적으로 사용했는데, 몬테카를로 시뮬레이션도 그중 하나였다. 바둑에서 경우의 수는 어떤 게임보다 복잡하다. 바둑판 위에서 착수할 수 있는 자리는 19×19에 불과하지만, 논리적으로 10의 80제곱이라는 엄청나게 많은 가능성을 가지고 있다. 이는 우주의 원자 수만큼 큰 수다.

그래서 전통적인 검색 발견법으로는 바둑 AI가 의사결정에 도달할 수 없다. 개발자들은 계산을 축약하기 위해서 몬테카를로 트리 검색(MCTS, Monte-Carlo tree search)을 선택했다(김지연, 2025: 193). 몬테카를로 트리 검색의 성능은 롤아웃 정책의 품질에 따라 크게 달라졌다. 여기서 롤아웃 정책은 잠재적 게임 사건 중에서 표본을 추출하는 방법이다. 이 알고리즘은 절대적이지 않다. 바둑에서 일어날 전체 경우의 수가 너무 커서 모두 실행해 볼 수 없고, 따라서 표본의 무작위성을 보증할 수 없다. 이는 바둑 AI가 인간 전문가를 모두 물리쳤더라도 바둑 AI가 정말 유능하다는 것을 의미하는 것은 아니라는 의미다.

2022년, 켈린 펠린(Kellin Pelrine)은 아마추어 바둑인이지만, 바둑 AI를 상대로 15전 14승을 얻어냈다. 연구팀(Wang et al., 2022)은 당시 가장 강력한 바둑 AI 시스템, 카타고(KataGo)를 실험 대상으로 선택했다. 카타고는 알파고와 유사한 알고리즘으로 작동한다. (알파고는 2017년 은퇴해서 더는 바둑을 두지 않는다) 펠린은 카타고보다 바둑을 더 잘 두어서 승리한 것이 아니다. 다만 카타고의 실수를 유도하여 승리할 수 있었다. 이는 AI 방법론에 중대한 결함이 있다는 것을 암시한다. 카타고의 취약점은 다른 바둑 AI에도 마찬가지로 내재할 것으로 보인다.

이 문제는 바둑 AI 기술에 포함된 몬테카를로 시뮬레이션 때문일지도 모른다. 표본의 무작위성을 검증할 방법이 없고 따라서 표본이 '전체'를 대표하는지 알 수 없다. 어느 정도 잘 작동하지만 언제든지 제대로 작동하지 않을 수 있다. 또는 현대 AI 기법에 포함된 여러 방법론의 취약점이 결합한 결과일 수도 있다. AI 내에 너무 많은 방법론을 결합하면서 조화를 잃어 문제가 악화한 것일 수도 있다. 원인을 명확히 알 수 없지만, AI 메커니즘이 예측할 수 없는 실수를 할 수 있다는 점은 중요하게 고려해야 한다. 특히 펠린의 연구 사례는 AI가 실수를 유도하는 접근에 취약하다는 발견으로 중요한 성과다.

참고문헌

김지연(2025). 《인공지능과 인간: 관계적 존재론을 향하여》.

드림미디어.
피터 갤리슨(2021). 《상과 논리: 미시 물리학의 물질문화》. 이재일·차동우 옮김. 한길사.
Barbu, A. & Zhu, S.(2020). *Monte Carlo Methods*. Springer Nature Singapore.
Metropolis, N. & Ulam, S.(1949). The Monte Carlo Method. *Journal of the American Statistical Association, 44*(247), pp.335~341.
Silver, D. et al.(2016). Mastering the Game of Go with Deep Neural Networks and Tree Search. *Nature, 529*, pp.484~489.
Wang, T. T. et al.(2022). Adversarial Policies Beat Superhuman Go AIs. https://arxiv.org/abs/2211.00241

05
퍼셉트론 논쟁

현대 AI 기술의 중요한 원천 중 하나는 심층 신경망 기법이다. 그 기원은 1958년 등장한 퍼셉트론 모델(Perceptron model)이다. 이 모델을 둘러싼 논쟁을 들여다보면 AI 기술의 일면을 포착할 수 있다. 당시 AI 연구자들은 양 진영으로 분리되었다. 그들은 다른 세계에 살고 있었고, AI를 다른 식으로 구성하고자 했다.

AI 콘텐츠 크리에이터?

사이버네틱스의 두 가지 흐름

인공지능 개념은 1940~1950년대 사이버네틱스 운동(cybernetic movement)에서 나왔다(김지연, 2025). 이 기술은 단일한 학제적 전문성으로는 구현할 수 없었기에, 대신 다수의 간학제적 협력이 필수적이었다. 그 덕분에 여러 결합적 접근법이 등장했다.

인공신경망(Artificial neural nets) 연구 전통이 대표적이다. 이 방법론은 실제 신경망을 그대로 구현한 것은 아니지만, 뇌 신경 단위와 닮은 컴퓨터 구조를 구축하려는 접근이다. 대표적으로 매컬러와 피츠(McCulloch & Pitts, 1943)는 인공 뉴런(artificial neurons) 개념을 도입했다. 여러 인공 뉴런을 연결하며 개별 연결마다 임의로 가중치(weights)를 부여했다. 이런 특징 덕분에 '연결주의 AI' 접근법이라고 부른다.

다른 한편, 기호-처리 접근법(Symbol-processing approach)도 등장했다. 1956년 다트머스 회의를 주도했던 존 매카시(John McCarthy)와 마빈 민스키(Marvin Minsky) 그리고 수학적 추론 프로그램, '논리 이론가(Logic Theorist)'를 개발했던 앨런 뉴얼(Allen Newell)과 허버트 사이먼(Herbert Simon) 등이 여기에 속했다. 이 접근법은 컴퓨터가 기호적 표현을 저장하고 처리하듯이 지능을 기호 조작 방식으로 구현하고자 했다. 연결주의가 신경생물학(뇌) 차원에 의존했다면 기호주의는 재현 차원(심적 처리 과정)에 토대를 두었다. 기호 기반 AI 시스템은 독자적인 논리-의미론적 구조를 수립하고 대량의 기호를 표현, 처리, 조작, 전환하는 데 뛰어났다. MIT의 와이젠바움 교수가 개발한 최초의 AI 채팅 프로그램, 엘리자(ELIZA)는 기호주의 접근에 기반한 모델이다.

연결주의 대 기호주의 대결

연결주의 전통과 기호주의 전통 사이의 공개적인 대결은 프랭크 로젠블랫(Frank Rosenblatt)의 퍼셉트론 개발에서 시작되었다. 그는 코넬대 심리학부에서 강의했고, 생명과학부 교수였으며, 코넬 항공 연구소에서 인지 시스템 영역을 이끌었다. 그의 관심 연구 중 하나는 훈련된 쥐의 뇌 추출물을 훈련받지 않은 다른 쥐의 뇌에 주입함으로써 학습 행동을 전송할 수 있는지를 알아보는 것이었다.

로젠블랫(Rosenblatt, 1958)은 자신의 뇌신경 체계 연구에서 영감으로 얻어 퍼셉트론(Perceptron) 모델을 개발했다. 이 모델은 신경망 접근법의 특질을 보여준다. 그는 다음과 같은 연구 질문에서 출발했다.

(1) 생물학적 시스템이 어떻게 물리적 세계에 관한 정보를 감지하고, 탐지하는가?

(2) 정보는 어떤 형태로 저장되고 기억되는가?

(3) 정보는 어떻게 저장소에, 또는 기억 속에, 인식과 행동 속에 담기나?

(1)번 질문은 생리학 영역의 질문으로 로젠블랫의 관심을 대변한다. 생물학적 시스템이 비생물학 시스템(물리 세계)에 대한 정보를 생성하는 방식에 관한 문제다. 다시 말해서 어떻게 자신과 전혀 닮지 않은 외부(타자)를 인식하는가? 이 질문은 지금도 여전히 논쟁적이다.

로젠블랫은 (2)번 질문을 제기하면서, 기호주의 접근법을 비판했다. "감각 자극과 저장된 패턴이 일대일로 대응되는 형식으로 감각 정보 저장소에 코드화된 재현 또는 코드화된 이미지가 존재한다는 제안이 있다. 이 가설에 따르면, 신경 조직이 '기억 궤적'으로부터 원래 감각 패턴을 재구성함으로써 기억하는 것을 정확하게 복구할 수 있어야 한다." 우리(생물학적 시스템)는 그런 인과적이고 선형적 방식으로 경험과 기억을 구성하지 않는다.

대신 로젠블랫은 경험주의에 뿌리를 두는 대안적 접

근법을 제안했다. "자극 이미지는 실제로 결코 기록될 수 없고, 중심 신경 시스템이 단지 복잡한 스위칭 네트워크로서 역할을 한다. 신경 시스템은 행동들 사이 새로운 연결이나 경로의 형식을 취한다. 이 접근은 자극이 기억 속에 어떤 암호 규칙에 따라 단순히 대응되어 있다가 이후 다시 호출된다는 가정을 인정하지 않는다."

(3)번 질문에 대해서 2가지 접근이 가능하다. 하나는 '코드화된 기억 이론가(coded memory theorists)'이고 다른 하나는 '경험주의 이론가(theorists in the empiricist tradition)'다. 전자의 이론에 따르면 자극 인식이 감각 패턴을 저장하고 있다가 입력되는 감각과 일대일 대응시키는 합리주의 접근이다. 그래서 이를 '기호주의'라고 부른다. 후자의 이론은, 신경 시스템 내에 저장된 정보가 새로운 연결 형식으로 일단 수립되고 나면 인지(식별)를 위한 별도 과정 없이 적합한 반응을 자동으로 만들어 낸다. 이를 '연결주의'라고 한다.

퍼셉트론의 구조

로젠블랫은 생물학적 뉴런을 모방했지만, 생물 유기체의 조건에 너무 깊이 얽히지 않도록 주의하면서 퍼셉트론을 설계했다. 다음과 같은 기본 가정을 고려했다.

(1) 학습과 인식에 관여하는 신경 시스템의 물리적 연결은 유기체마다 다르다. 대부분의 연결망은 매우 무작위적으로 구성되며, 최소한의 유전적 제약만을 받는다.

(2) 시스템은 연결된 세포들로 구성되어 있으며 어느 정도 가소성이 있다. 신경 활동 후, 어떤 세포 집합의 자극이 다른 세포 집합의 반응을 일으킬 확률은 변할 수 있다. 뉴런 내에서 변화는 상대적으로 천천히 일어나기 때문이다.

(3) 자극 표본에 많이 노출되면, 대부분의 자극은 동일한 반응 세포 집합으로 경로를 형성하는 경향이 있다. 그 자극과 유사하지 않은 자극은 다른 반응 세포 집합으로 연결을 형성하는 경향이 있다.

(4) 긍정적/부정적 강화는 연결을 형성할지 말지를 촉진할 수도 있고 방해할 수도 있다.

(5) 이런 시스템에서 유사성은 동일한 세포 집합을 활성화하는 유사 자극의 경향을 의미한다. 그런 유사성은 신경 시스템 레벨에서 재현된다. 인지 시스템(유기체)이 주어진 환경과 상호작용을 통하여 어떻게 진화하고, 물리적으로 어떻게 조직되느냐에 따라 유사성이 형성된다.

로젠블랫은 불완전한 신경망처럼 수많은 무작위적 연결을 구현하면서도 신뢰할만한 기능을 수행할 이상적인 배선 도식을 구상했다. 또한 그는 엄격한 구조가 알려지지 않는 신경망 연구에 기호 논리 언어와 불리언 대수는 적합하지 않다고 보고, 대신 확률 이론을 선호했다.

이상과 같은 전제에서 출발하여 퍼셉트론의 구조는 (1) '망막(Retina)'에서 출발하여 (2) '투사 영역(Projection area)'과 (3) '연합 영역(Association area)'을 지나 최종적으로 (4) '반응(Response)'을 생성한다. 여기서 '망막'은 기계의 입력 지점을 의미한다.

모든 연결은 전진하며 피드백은 없다. 마지막 연결만이 양방향으로 수립된다. 망막(입력)에서 투사 영역(A Ⅰ) 사이는 국소적 연결(local connections)을 취한다. 국소적 연결이란, 출발점과 도착점 사이 연결이 일대일로 대응되어 있다는 것이다. 그런데 투사 영역(A Ⅰ)과 연합 영역(A Ⅱ) 사이 연결은 무작위적이다. 여기서 무작위적이란, 도착점(A Ⅱ)에서 기원 지점(A Ⅰ)을 찾기 위해 거슬러 올라가면 하나의 특정 지점을 찾을 수 없다는 뜻이다. 이는 출발 신호가 기원 지점(A Ⅰ) 전체에 걸쳐서 무작위로 흩어져 있음을 시사한다.

초기 퍼셉트론 모델

최초의 퍼셉트론은 단층 신경망이었다. 단순히 개별 단

위를 연합하여 하나의 층을 만들고 출력 단위로 곧장 연결했다. 각 단위는 여러 연결로부터 입력값을 받는다. 연결마다 가중치(w) 개념을 부여하는데, 이것은 조정 가능하다. 입력값을 모두 합하여 계산한 후, 이 값이 문턱값을 넘는다면 '1'의 결과를, 그렇지 않다면 '0'의 결과를 내놓는다. 이러한 처리 단위를 몇 개를 모아서 하나의 층이 된다.

초기 퍼셉트론은 간단한 문제를 풀 수 있었고 사람들에게 인공지능에 대한 희망을 품게 했다. 퍼셉트론 개념은 이후 마크 원(Mark I) 컴퓨터의 토대가 되었다. 1960년대 초까지는 소수의 대학과 실험실만이 신경망 연구를 했지만 1960년대 중반이 지나면서 신경망 프로젝트와 연구 집단의 수가 급격히 증가했다.

그즈음 기호 기반 AI 진영의 리더였던, 민스키와 패퍼트(Marvin Minsky & Seymour Papert)는 퍼셉트론을 공격하기 시작했다. 그들의 주장을 《퍼셉트론》(1969)이라는 제목의 저서에 담아 출간했다. 이것이 바로 '퍼셉트론 논쟁'의 시작이다. 그들은 인공지능 연구자들이 퍼셉트론 연구로 몰려가는 것을 두려워했다. 과학사회학자 미켈 올라자란(M. Olazaran)에 따르면, 기호주의 진영은 단순히 과학적 반대만이 아니라 인공지능 연구의 주도권을 놓고 연결주의 진영과 정치적 경쟁을 한 것으로 평가했다.

기호주의 진영의 비판

민스키와 패퍼트는 퍼셉트론 진영을 공격하기 위해서 신경망의 한계를 증명해야 했다. 이를 위해 그들은 로젠블랫의 퍼셉트론을 '복제'하여 작업했다. 그들은 연결주의 진영이 선호하는 확률적 방법론이 아니라 자신들에게 익숙한 기호수학적 관점으로 이 관찰 작업을 수행했다.

민스키와 패퍼트는 퍼셉트론의 계산이 효율적이려면 상당한 정도로 '단순해져야' 한다고 주장했다. 국소적 정보를 단순화하기 위해서 입력 단위에서 온 정보의 일부를 받지 않을 수 있어야 한다는 것이다. 이것을 '결합적 국소성(conjunctive localness)' 기준이라고 명명했다. 이를 위해서 얼마나 연결을 허용할지를 검사할 필요가 있다.

퍼셉트론 모델이 비현실적으로 차수(order)가 커지는 약점을 가지고 있었다. 차수는 하나의 입력 단위(input unit)에서 다음 단계인 은닉 단위(hidden units)로 가는 연결선을 말한다. 이 때문에 퍼셉트론은 풀어야 할 문제의 크기가 커지면 적정 계수를 측정하는 처리시간이 지수적으로 증가했다. 이는 비용 증가를 발생시킨다. 감당할 수 없을 정도의 비용이 증가한다면 현실적으로 인공지능을 구현하기 불가능할 것이다.

"퍼셉트론이 '장난감 문제(toy problem)'는 잘 풀지만, 같은 유형의 문제라도 조금만 규모가 커지면 전혀 작동하지 않을 것이다". 민스키와 패퍼트는 지적했다. 예를 들어 퍼셉트론은 OR 문제는 풀지만, XOR 문제는 잘 풀지 못한다. 동일한 원리에 의해서 삼목 게임은 잘할 수 있지만, 체스에서는 형편없어질 것이다.

민스키와 패퍼트 비판 이후, 퍼셉트론 연구는 '비정상적인 접근법'으로 간주되었다. 연구비 투자도 급격히 감소했다. 제프리 힌턴(G. Hinton) 등 일부 연구자들만이 신경망 방식 연구를 계속했다. 기호주의 진영에게는 효율성이 중요했지만, 연결주의 연구자들에게는 그것이 그리 큰 문제가 아니었다. 그들은 서로 관심과 가치가 달랐고 그래서 접근법과 태도도 달랐다.

신경망 연구의 재등장

1980년대 컴퓨팅 비용이 급격히 감소하자, 신경망 연구자 그룹은 다시 부상했다. 그들은 이제 민스키와 패퍼트가 지적했던 XOR 문제를 극복했다. 만족할만한 데이터를 모형화할 때까지 여러 개의 층을 형성하는 방법을 도입한 것이다. XOR 문제는 1개의 층을 추가하는 것으로 간단히 해결되었다. 만약 좀 더 복잡한 문제를 풀어야 한다면 더 많은 층을 추가하는 방식으로 해결할 수 있다. 여러 개의 층으로 구성되기 때문에 이 학습법을 '심층 학습(Deep Learning)'이라고 부르게 되었다.

민스키와 패퍼트는 다시 비판을 시작했다. 그들은 다층 네트워크 구조가 되었다고 해서 이전의 퍼셉트론 모델의 특성이 근본적으로 변한 것은 아니라고 공격했다. "연결주의자 시스템에서는 유닛들 사이 연결 가중치를 정보 형태로 체화한다. 기계 학습이 가중치 강도를 조정함으로써 수행될 수 있다는 개념은 생물학적 타당성으로부터 온 것이다. 그 타당성의 강도가 10 이하 소수점까지 내려가야 하는 경우 그 타당성이 희미해진다." 퍼셉트론과 마찬가지로 심층 학습 접근법 역시 풀어야 하는 문제의 크기가 증가하면 계산의 규모가 엄청난 속도로 증가했다.

민스키와 패퍼트는 신경생리학적 접근은 인공지능을 구현하는 방법으로 적절하지 않다고 생각했다. 실제로 신경망 기반 인공지능은 너무 큰 비용을 요구했다. 민스키와 패퍼트 같은 기호주의 연구자들이 볼 때, 신경망 연구자들은 큰 비용을 들여서 작은 문제 풀이를 하는 것에 만족하는 비현실적인 사람들로 보였다.

다원주의 접근

기호주의 AI는 민스키의 주장대로 효율성이 있었다. 그들의 방식이 먼저 성과를 냈다. 1997년 체스 선수 가리 카스파로프(Garry Kasparov)에게 승리했던 IBM의 딥블루(Deep Blue)는 기호주의 AI 계열이었다. 그러나 그 후 추가적인 성과는 좀처럼 나오지 않았다. 기호주의 접근법만으로는 AI의 성능을 인간 전문가 수준으로 끌어올리기 어려웠다.

21세기 들어서 연결주의 AI가 다시 화려하게 재등장했다. 인공신경망 연구자들이 성과를 내기 시작했다. 2016년 알파고(AlphaGo)는 심층 신경망 접근법에 기반한 모델이다. 알파고 개발사 대표 데미스 허사비스는 "딥블루는 진정한 의미의 인공지능이 아니"라고 지적했다. 연결주의 전통에서 기호주의 접근법은 '생각하는 것'이 아니라 '프로그램된 것'에 불과했다.

기호주의 연구자들과 연결주의 연구자들은 서로 다른 전통을 만들었다. 이 논쟁은 세계 인식 태도에 따라서 인공지능 접근법도 다른 길을 개척한다는 점을 시사한다.

기호주의 진영이 환원적이고 합리주의적 경향이 있었다면 연결주의는 상대적으로 전체론적이고 실용주의 경향이 강했다. 기호주의 접근법은 상당히 효율적이었지만 맥락적 차원에서 취약했다. 연결주의 접근법은 비용 문제가 있었지만, 전체론적 관점에서 묵묵히 새로운 문제풀이 경로를 개척했다.

퍼셉트론 논쟁은 인공지능 개발의 역사에서 다원주의 접근에 관해 알려준다. 기술은 하나의 경로로 성장하지 않는다. 세계관이 다르면 다른 접근법을 모색한다. 다원적 접근은 서로를 공격하기도 하지만 침투하기도 하며 상대를 변화시킨다. 민스키와 패퍼트의 공격은 결과적으로 심층 신경망 효율성 개선에 기여했다. 기술 논쟁은 단순히 공격에 그치지 않았고, 상호 침투적으로 혁신적 방법을 성찰하도록 촉발한다. 이 논쟁은 기술의 경로가 하나가 아니라는 교훈을 알려준다. 기술은 다원주의 경로를 따라 성장한다. 이 논쟁은 기호주의와 연결주의 외에도 아직 '가지 않은 길'이 있을 수 있음을 암시한다.

참고문헌

김지연(2025). 《인공지능과 인간: 관계적 존재론을 향하여》. 드림미디어.

McCulloch, W. S. & Pitts, W.(1943). A logical calculus of the ideas immanent in nervous activity. *The bulletin of mathematical biophysics, 5*(4), pp.115～133.

Minsky, M. & Papert, S.(1969). *Perceptrons: An Introduction to Computational Geometry*. MIT Press.

Olazaran, M.(1996). A Sociological Study of the Official History of the Perceptrons Controversy. *Social Studies of Science, 26*(3), pp.611～659.

Rosenblatt, F.(1958). The Perceptron: A Probabilistic Model for Information Storage and Organization in the Brain. *Psychological review, 65*(6), pp.386～408.

Rumelhart, D. E. et al.(1986). A General Framework for Parallel Distributed Processing. *Parallel Distributed Processing: Explorations in the Microstructure of Cognition*, pp.45～76. MIT Press.

Widrow, B. & Lehret, A.(1990). 30 Years of Adaptive Neural Networks: Perceptron, Madaline, and Backpropagation. *Proceedings of the IEEE, 78*(9), pp.1415～1441.

06
컴퓨터 사용자

1975년, 최초의 미니컴퓨터 알테어 8800은 사실상 '아무런 기능 없이' 등장할 수 있을까? 그런데도 사람들은 그 기계를 선구매하고 공장 앞에서 출고되기를 기다렸다. 사용자는 단지 기능 때문에 컴퓨터를 기다린 것이 아니다. 그들은 그것을 사용하면서 거기에 영혼을 담았다.

AI와 민주주의?

미니컴퓨터 시대

1960년대 소형 컴퓨터들이 출현하기 시작했다. 1965년 출시된 PDP-8은 집적회로(IC) 기술을 이용하여 몸체를 많이 줄일 수 있었다. 소형 컴퓨터 기술은 사회 문화적 배경과 동조하면서 서로의 자양분이 되었다. 1960년대 국가주의와 냉전 체제에 반대하는 사회 문화가 크게 성장했다. 유럽에서는 68 학생운동이 있었고, 북미에서는 베트남 전쟁 반대 운동과 히피 문화가 등장했다. 그들은 가부장적 국가주의를 탈출하여 자유를 희망했다. 당시 거대한 규모의 컴퓨터는 정부나 대학 같은 기관이 소유할 수 있는 값비싼 자산이었다. 컴퓨터 사용은 소수의 특권이었다. 학생들은 학교가 허락하는 제한된 시간만 컴퓨터를 사용할 수 있었다. 그들은 컴퓨터에 더 많이 접속하기 위해서 해커가 되어야 했다. (그들은 학교 컴퓨터실 열쇠를 훔쳤다) 컴퓨터는 그들에게 '자유'로 가는 길이었다.

해커, 컴퓨터광

미국 작가 스튜어트 브랜드(Stewart Brand)는 1972년 스탠퍼드대 인공지능연구소와 제록스파크연구소를 방문했다. 그곳 연구원들이 네트워크 게임, '스페이스 워

(Space War)'를 만들어 즐기는 모습을 목격했다. 그 모습에서 영감을 받아서 그는 그들을 '해커(hacker)'라고 명명했다.

"그들은 폭주족에게서 볼 수 있는 바로 그런 모습이다. 진정한 해커는 집단적 인간이 아니다. 그는 밤새 내내 깨어 있기를 좋아했고… 그와 그의 기계는 사랑-증오의 관계이고… 그들은 뛰어나지만, 협의적 목표에는 전혀 관심이 없는 아이들이다. 컴퓨팅은 그럴 수 있는 이야기 속에나 있을 법한 공간이다(Brand, 1972)."

해커 문화는 1970년대 자유 언론 운동(Freedom of Speech)과 혼합되었다. 그들은 인터넷 구조가 자유 언론의 원리를 내재화하고 있다고 믿었다(Himanen, 2001). 그들의 생각은 컴퓨터와 정보기술에 영향을 미쳤다. 스티브 잡스(Steven P. Jobs)는 1976년 애플사를 창립하고 회사 직원들에게 해커 정신을 강조했다. 마지막 진정한 해커라고 불리는 리처드 스톨만(Richard M. Stallman)은 1985년 소프트웨어 공유를 주장하는 GNU 운동을 주도했다. 히피 출신 활동가 존 페리 발로(John Perry Barlow)는 '사이버스페이스 독립선언(1996)'에 그런 생각을 담았다.

미니컴퓨터, 알테어 8800

1975년 미츠(MITS)사가 마이크로프로세서에 기반을 둔 미니컴퓨터, 알테어(Altair) 8800을 출시했다. 초기 알테어는 마이크로프로세서와 온-오프 스위치, 네온 점등관으로 구성된 본체만 있었다. 오늘날 컴퓨터의 기본 장치라고 할 수 있는 모니터와 키보드를 아직 갖추지 못했다. 그 기계는 할 수 있는 일이 사실상 없었다. 그런데도 알테어는 컴퓨터 애호가들에게 인기가 높았다. 그들은 주로 전자 산업과 관련된 분야에서 일하던 젊은 남성들이었다.

컴퓨터 애호가들은 알테어를 어디에 사용할지를 함께 궁리해 내기 위해 '홈브루 컴퓨터 클럽(Homebrew Computer Club)'을 만들었다. 이 클럽은 매주 수요일 저녁마다 열렸고, 사람들은 알테어를 이용한 자신들의 개발을 이 모임에서 공유했다. 누군가는 알테어를 이용해서 간단한 악보 연주를 시연했다. 그리고 다른 누군가는 알테어를 위한 프로그래밍 언어를 개발했다. 그들이 만든 다양한 부가 장치와 소프트웨어 덕분에 알테어는 점차 그럴듯한 기계가 되어 갔다. 그들은 알테어에 매혹되어 이 기계의 '공동 창조자'가 되어 갔다.

홈브루 클럽의 회원이었던 스티브 잡스와 스티브 워즈니악(Steve Wozniak)은 이 모임에서 영감을 얻어 애플Ⅰ(AppleⅠ)을 개발했다. 그들은 컴퓨터 애호가 집단의 문화 속에서 성장했기 때문에 소형 컴퓨터의 가능성을 직관적으로 알고 있었다. 반면에 IBM이나 HP 같은 당시 컴퓨터 대기업들은 미니컴퓨터의 가치를 이해하지 못했다. 한 임원은 "도대체 일반인들에게 왜 컴퓨터가 필요한가?"라며 의아해했다(김지연, 2025). 그들의 관점에서 컴퓨터란 정부나 기업에 필요한 것이지 개인에게 필요한 것이 아니었다. 대기업이나 첨단 기업이 기술의 미래를 잘 예견할 것이라는 믿음은 사실이 아니었다. 잡스와 워즈니악과 같은 컴퓨터 사용자 세대에게는 명백하게 보였지만, 거대 컴퓨터 기업에게는 오히려 아무것도 보이지 않았다.

덕분에 애플과 같은 벤처 회사는 '자유롭게' 소형 컴퓨터 분야의 주역이 될 수 있었다. 애플의 두 번째 모델 애플Ⅱ 컴퓨터는 컬러 그래픽을 구현하고 있었고, 모니터, 키보드 본체, 플로피 디스크 드라이브 등을 포함하고 있어서 오늘날 개인용 컴퓨터의 전형을 제시했다. 애플 컴퓨터가 크게 성공하자 시대정신을 감지하지 못했던 IBM

의 입지는 크게 흔들렸다.

IBM PC, 개방형 구조

IBM, HP, 제록스 등 거대 컴퓨터 기업들은 뒤늦게 미니 컴퓨터의 가능성을 깨달았다. 1981년 IBM은 16bit 마이크로프로세서와 마이크로소프트(MS)사의 MS-DOS를 장착한 '퍼스널 컴퓨터(PC, Personal Computer)'라는 모델을 출시했다.

소형 컴퓨터 시장에서 후발 주자가 된 IBM은 자사의 컴퓨터 설계 및 운영 체제를 공개하는 전략을 추진했다. 덕분에 개인용 컴퓨터 패러다임 형성에 기여했다는 평가를 받았다. 이런 방식을 '개방 체계(open architecture)'라고 한다. 이로써 사용자들은 이득을 얻었다. 규격에 맞는 부품을 개별 구입하여 자신만의 컴퓨터를 조립할 수 있다. 이런 개방성은 해커 정신의 반영이다.

IBM 호환용 컴퓨터는 사실상 표준(de facto standards)이 되었다. 이후 "PC"라는 이름은 개인용 컴퓨터를 지칭하는 일반 명사가 되었다. 현재 흔히 쓰이는 데스크톱이나 노트북은 대부분이 IBM 호환 PC 체계에 기반을 둔 컴퓨터다. 반면에 당시 소형 컴퓨터 시장의 선두 주자가 된 애플 컴퓨터는 다른 부품과 호환을 인정하지 않는

완결적 구조(폐쇄형)를 고수했다.

IBM 호환 PC 제조사들은 단순히 IBM PC를 흉내 내기에 그치지 않고, 오히려 IBM PC를 능가하는 성능과 기능을 가진 PC를 내놓기도 했다. 'IBM 호환 PC'가 'IBM PC'를 압도하기 시작했다. 결국 IBM PC는 2004년 생산을 중단했다. IBM은 PC 사업 부문을 중국의 레노버(Lenovo)에 매각하여 PC 시장에서 완전히 물러났다. IBM PC는 사라졌지만, 그들이 만든 철학적 개념만은 계승되었다. 컴퓨터 사용자의 선택 가능성과 권한을 강화했기 때문이다.

보편 기계, 컴퓨터

개인용 컴퓨터 시대의 사용자는 알테어 사용자의 계승자들이기는 하지만 알테어 시대의 사용자들과는 달랐다. 컴퓨터 사용자들은 알테어 사용자처럼 제작자의 특성보다는 소비자의 특성이 강해졌다. 컴퓨터의 기능을 스스로 만들어 내기보다는 컴퓨터를 사용하여 다른 일을 잘할 수 있기를 기대했다. 알테어와 알테어 사용자들의 관계가 '동료 행위자' 관계였다면, 컴퓨터와 컴퓨터 사용자 사이 관계는 좀 더 '주인'과 '도구'의 관계 쪽으로 이동했다.

오늘날 컴퓨터는 '보편 만능 기계(universal machine)'

를 향해 가고 있다. 컴퓨터는 하나의 기능으로 고정되지 않는다는 점에서 도구 이상이다. 컴퓨터는 여러 기능을 수행할 수 있다. 문서도 편집하고 인터넷도 하고 게임도 하고 전화를 걸기도 한다. 자동차를 운전하거나 로켓을 쏘아 올리기 위한 계산도 한다. 로봇을 움직이고 핵발전소 시스템을 운영한다.

기계 통제 가능성

컴퓨터는 특수한 도구다. 사용자가 자신의 컴퓨터를 완전히 통제하지 못한다는 점에서 그렇다. 우리는 컴퓨터를 구매하고 매일 사용하지만, 그 컴퓨터의 작동을 적절히 포착하기 어렵고, 따라서 장악하지도 못한다. 자동차를 운전하지만 자동차의 작동을 알지 못하듯이 컴퓨터를 사용하지만 컴퓨터의 작동을 이해하는 것은 아니다. 온라인 거래를 위해서 은행은 컴퓨터에서 작동할 수 있는 거래 프로그램을 제공한다. 컴퓨터는 매일 매시간 여러 가지 프로그램을 업데이트하기 위해서 자동으로 서비스 회사와 통신한다. 컴퓨터 사용자는 자신의 컴퓨터가 어떤 내용으로 통신하고 있는지 알지 못한다.

마이크로소프트사의 독점 현상에서 볼 수 있듯이 정보기술 영역에서 독점화는 쉽게 일어난다. 이는 컴퓨터에 대한 사용자의 통제 가능성이 낮아지고 있음을 시사한다. 시장 표준화가 일어나면 즉각적으로 제품 생산자나 사용자는 모두 이득을 얻는다. 제품 생산 비용이 저렴해지고 예상 가능한 공급을 할 수 있기 때문이다. 사용자도 이득을 얻는다. 익숙한 환경에서 추가적인 기능을 향유할 수 있다. 그래서 정보기술 분야는 하나의 기준으로 응집되기 쉽고 그 기준을 확보한 기업이 시장을 독점하기 쉽다. 일단 그렇게 되고 나면 그 기준을 보유한 기업으로 통제권이 이동한다. 이것은 컴퓨터 윤리의 주요한 의제다. 누가 통제권을 가지나?

해커 윤리

해커 공동체는 컴퓨터/정보기술을 중심으로 하나의 문화를 형성했다. 해커 문화는 "현실 세계에서는 이상하다고 여겨질 모든 것에 대한 전면적 관용의 윤리"를 숙성했다. 거기에 어떤 규칙도 없다. 그러나 '함께함'은 있다(Turkle, 2005: 196).

AI 개발자 문화는 해커 윤리를 따라 성장했다. 자신의 개발 내용을 꾸준히 공유한 덕분에 AI 기술 성장을 촉발할 수 있었다. 대표적으로 오픈 AI의 챗GPT는 구글이 관련 기술을 공유한 덕분에 가능했다. 이 사례는 AI 개발자들과 사용자 그룹이 일상적으로 벌이고 있는 공유 활동의 아주 작은 일부일 뿐이다. 두 번의 혹독한 겨울을 겪었던 AI 개발자들은 경험을 통해서 기술적 성장의 난관을 뚫고 나갈 유일한 해법은 개방성과 공유라는 것을 잘 알고 있다.

해커는 자신이 창조한 것이 자신을 능가할 때 '기쁨'을 느낀다. 그러나 그 기쁨은 윤리 장벽을 지키는 범위 내에서만 진정한 것이다. 예를 들어 윤리는 감당할 수 없는 속도를 금지한다. 그런 속도를 넘어서게 되면 당장 살아남는 것만 중요해지게 될 것이다. 그런 조건에서는 타인을 돌볼 수 없다. 윤리성은 서두르지 않는 사유다(Himanen, 2001: 131).

그런데 AI 서비스가 증가하면서 공유 문화의 전통이 단지 산업적이고 자본주의 성과로 왜곡되고 있다. 이런 조건에서 서비스 구매자만 남고, 기술 사용자 집단 문화는 위축될 것이다. 사용자의 관심과 사랑이 없다면 그 기술은 '영혼'을 가질 수 없다. 기술과 사용자가 때로는 상호작용하고 때로는 내부 작용하면서 고유한 리듬이 만들 수 있는 여지와 여유를 존중하는 속도를 보증할 수 있어야 한다.

참고문헌

김지연(2025). 《인공지능과 인간: 관계적 존재론을 향해》. 드림미디어.

Brand, S.(1972). Space War: Fanatic Life and Symbolic Death Among the Computer Bums. http://www.wheels.org/spacewar/stone/rolling_stone.html

Himanen, P.(2001). *The Hacker Ethic, and the Spirit of the Information Age: A Radical Approach to the Philosophy of Business.* Random House.

Turkle, S.(2005). *The Second Self: Computers and the Human Spirit.* MIT Press.

07
전문가 문화, 윤리적 실패

리처드 파워스의 소설 《갈라테아 2.2》는 20세기 말 작품이지만, 현대 AI 기술이 드러내는 문제를 제대로 통찰한다. 여기서 전문가 문화는 때때로 사회적 상식과 충돌한다. 소설가인 화자는 "몸이 없는 기계는 결코 내 행동을 분석하지 못할 것"이라고 생각하지만, 전문가 렌츠는 기계가 의미를 알 필요는 없다고 말한다. "E는 '알' 필요가 없다고!"

AI와 애니메이션?

전문성의 결핍

전문성은 근대사회와 함께 시작되었지만, 전문성에 관한 연구는 20세기 후반이 되어서야 이루어졌다. '전문성의 정치(politics of expertise)'라는 학술적 개념이 등장했는데 사회적으로 어떤 집단의 전문성(지식)을 가장 가치 있으며 믿을만한 것으로 여겨야 하는가를 둘러싸고 벌어지는 갈등적 과정을 가리킨다.

과학사회학자 브라이언 윈(Wynne, 1989)은 1986년 구소련 체르노빌 핵발전소 폭발 사고 직후 영국 컴브리아 지역에서 방사능 오염을 둘러싸고 전문가와 목양농 사이에서 벌어진 위험 인식의 차이를 연구했다. 이 사례는 전문가 지식의 한계와 시민 지식의 중요성을 부각함으로써 전문성에 대한 시각을 크게 바꾸어놓았다.

스티브 엡스타인(Epstein, 1995; 1998)은 전통적으로 전문가들에 의해 독점되었던 의료 분야에서 환자 집단의 개입이 불러온 변화를 보여 주었다. 에이즈 연구 과정에 비전문가인 에이즈 활동가들과 환자 단체들이 참여하면서 지지부진하던 치료제 개발에 의미 있는 진전이 있었다. 그들의 절박한 삶의 문제가 과학 연구의 어려움을 헤쳐 가는 동력이 되었기 때문이다. 참여 과정에서 전문가 지식과 시민 지식이 상호작용할 수 있고 그 과정에서 과학 지식이 풍성해졌다.

인류학자 디아나 포사이스(Forsythe, 2001)는 AI 전문가 문화를 탐색했다. 하나의 시스템을 설계할 때 고려되는 사용자 관련 정보란, 소수의 전문가가 갖는 믿음에 불과하다는 사실을 제기했다. 누구나 그렇듯이 전문가 역시 해당 문제 해결 작업에 정통할 수 없다. 그런데 전문가의 불완전한 지식이 시스템에 코드화되는 특권을 가진다. 이는 시스템이 실제 현실 세계 상황을 다룰 때 실패하거나 오류를 일으키는 요인이 된다.

책임의 결여

전문가들은 종종 자기 지식을 뒷받침하는 확실성의 정도를 과대평가한다. 반면에 외부에서 온 지식과 비판에 대해서는 배타적이다(Jasanoff, 2005). 미국 항공우주국(NASA)은 1986년 우주왕복선 챌린저호 사고 후에도, 조기 경보 신호의 탐지와 소통을 가로막은 조직 내부의 문제를 적절하게 인식하지 못했다. 그들은 2000년 초까지도 문제를 제기하는 사람을 '러다이트' 같다며 무시했다(재서노프, 2022). 2003년 두 번째 사고(컬럼비아호) 이후, 사회학자 다이앤 본(Diane Vaughan)의 조언을 받고 나서야 비로소 NASA는 기관 문화의 결함을 인정했다.

2008년 금융위기도 전문가의 특권적 지위와 그로 인한 오만함이 부른 사건이다. 계속되는 불행한 사고를 겪고 나서 사회는 전문가의 의사 결정 과정에 더 높은 투명성과 공공적 감독이 필요하다는 교훈을 얻었다.

과학 전문가들은 때때로 '의도하지 않은 결과'라는 표현으로 책임을 회피하기도 한다. 염화불화탄소(CFC) 배출로 인해 '오존 구멍'이 발생했고, 1984년 인도 보팔 가스 누출 사고 등이 일어났을 때, 전문가들은 '의도하지 않은 결과'였다는 주장을 했다. 이 주장은 설계자의 원래 의도가 계획대로 실행에 옮겨지지 못했다거나, 아니면 그들이 의도한 범위 바깥에서 일이 일어났다는 인식을 공식화하려는 의도였다. 설계자의 의도를 벗어났다는 표현은 기술 사용자들이 책임을 져야 함을 의미하는 것이고, 의도한 범위 밖에서 사고가 났다는 표현은 책임자를 찾을 수 없다는 의미였다. 자동차가 대대적으로 도입된 지 수십 년이 지난 다음에야 배기가스가 기후 변화의 주된 원인임이 알려졌다. 이처럼 현실에서 전자(사용자 책임)와 후자(책임자를 특정할 수 없음)가 구분되지 않을 수도 있다.

한편 '의도하지 않은 결과'라는 표현은 우리를 안심시키는 기능이 있다. '유익한 목적으로 인류에게 봉사하도록 고안된 장치 속에 재앙의 잠재력을 의도적으로 집어넣지 않을 거라는 희망'을 담기 때문이다(Jasanoff, 2016). 그런데 이런 표현을 사용할 때, 전문가들의 태도는 비대칭적이다. 좋은 결과에 대해서는 항상 의도된 것으로 표현하지만 나쁜 결과에 대해서는 의도되지 않았다는 딱지를 붙인다. 이는 전형적인 '기술 예외주의'에서 나온 것이다. 의도하지 않았다는 것만으로 면책받을 수 없다. 누구도 사전에 계획하지 않았지만, 주의 깊게 봤다면 문제를 발견할 가능성이 있었다. 그들이 주의를 기울여야 하는 비용을 지불하지 않은 대가를 사회와 지구가 떠안는 것이다.

도덕 기계 실험

전문가의 윤리적 실패는 인공지능 분야에서도 흔한 일이다. 첨단 데이터 기술 회사들도 빈번하게 윤리적 실패를 겪는다. 구글은 2019년 3월 AI의 윤리적 영향에 대해 조언해 줄 외부 위원회를 꾸렸다가 다음 달 바로 해체했다(아세모글루 · 존슨, 2023). 기술 회사가 독자적으로 윤리적인 행위를 수행하는 일이 쉽지 않다는 것을 보여준다.

2018년 네이처(Nature)에 실린 논문 '도덕 기계 실험

(The Moral machine experiment)'은 전문가의 윤리적 문제가 구조적 측면이 있음을 확인해 준다. 이 논문은 제목과 달리 전혀 도덕적이지 않으며, 오히려 사회적 도덕 수준을 하락시킬 위험이 있다. 설문조사 기반 의사 결정을 토대로 자율주행 자동차의 알고리즘을 정당화하려는 접근이기 때문이다. 우리나라 교과적 제작진(이들 역시 전문가)은 이에 대한 아무런 검증 없이 그 알고리즘 방식을 교과서에 소개하고 있다(김지연, 2025: 336).

이 논문은 설문 결과, 3명보다는 1명을 희생하는 선택, 아이보다는 노인을 희생하는 선택, 인간보다는 동물을 희생하는 선택이 응답률에서 현격한 차이를 보였다고 제시하며, 이를 자율주행차 알고리즘에 응용할 수 있다고 암시한다. 과연 이를 자율주행차의 의사 결정 알고리즘에 사용할 수 있을까? 그러면 자율주행 자동차는 자기가 일으킨 사고에 대해 면책받을 수 있을까?

현실의 상황에서 3명(다수) 때문에 희생되어야 하는 당사자(소수)는 이 상황을 결코 받아들일 수 없다. 1명의 생명이 3명의 생명보다 차별되어야 할 근거는 없다. 그런 내용을 알고리즘에 적용한다면 그 자동차는 이미 누군가의 희생을 의도한 것이 된다. 그 개발자(제작자)는 형사법적 원리, 범죄의 고의성 기준(Concept of

Mens Rea in the Criminal Law)에 따라서 사고의 책임을 져야 할 것이다.

그런 알고리즘은 세계가 공통으로 합의한 '인간 차별 금지 원칙'에 위배된다. 누군가의 희생을 결정하는 문제를 단순히 정량적인 '인기 투표' 방식으로 환원하는 연구는 그 자체로 비윤리적이고 위험하다. 바우만과 동료 연구자(Bauman et al., 2014)에 따르면, 이런 연구 방법은 검사 타당도에 문제가 있다. 응답자들은 직접적으로 어떤 도덕적 불명예도 부담하지 않아도 되므로 가볍게 응답할 가능성이 있다. 따라서 응답 데이터가 진지하게 현실을 반영할 것으로 단정해서는 안 된다.

김은경 · 이영준(2022)의 실증 연구는 교과서에 실린 '도덕 기계 실험'이 초등학생들에게 부정적 영향을 미치고 있다고 확인했다. 이 내용을 학습한 학생들은 학습 이전보다 인공지능에 대해서 인간 친화성, 편의성, 우려 차원 모두에서 부정적으로 변화했다. 학습자들은 어린 나이임에도 불구하고 정량적 방식의 알고리즘 문제에 대해 거부 반응을 드러낸 것이다. 그 실험은 학습자의 상식(자연법)에 부합하지 않았다.

인공지능 윤리를 중요하게 다루어야 할 교과서 제작진은 정작 이 문제를 여전히 인지하지 못하고 있다. 권위 있는 과학 전문지에 실린 연구이므로 무조건 믿을만하다고 단정해버린 것이다. 전문가도 실패할 수 있다는 상식을 전문가 집단이 인지하지 못하고 있다. 전문가 문화의 자율적 노력도 필요하지만, 그것만으로 충분하지 않다. 전문가는 시민의 상식으로 감독받아야 한다.

'지옥 같은 대안'

자본주의 사회에서 과학자는 '지옥 같은 대안'을 만드는 일에 휘말리곤 한다(Pignarre & Stengers, 2011). '대안'은 희망을 담아야 하지만, '지옥'은 아무런 희망도 없는 곳이다(지옥문 앞에 걸린 표지문은 말한다. "이곳에 들어오는 자여, 모든 희망을 버려라", 단테의 《신곡》 중에서). 대중매체를 통해서 흔히 '유능한 전문가'는 대안을 주장하지만, 사실은 전혀 대안이 아닌 경우도 많다. 더 많이 자동화하면 생산성이 높아진다는 주장은 그런 '지옥 같은 대안'의 대표 사례 중 하나다. 실제 자동화가 거둔 생산성은 그로 인한 위험을 감수할 만큼 대단한 것이 아닌 경우가 대부분이다(아세모글루 · 존슨, 2023).

흔히 성공한 과학자는 과학을 '황금알을 낳는 거위'로 간주하며 확신에 차 있다. 그리고 자신과 다른 입장에 대해서 배타적인 태도를 보인다. 그러나 과학 지식은 결코 깔끔할 수 없다(Collins, 1990). 과학 지식은 "우리가 믿어왔던 것보다 예술적 합의나 정치적 합의의 창조와 더 닮았다… 과학은 예술이고 공예품이고 무엇보다 사회적 실천이다."

지옥 같은 대안이 구성된 곳에서는 정치가 작동하지 못하고 침묵이 강요된다. 이런 상황이 지속하면, 우리 사회의 집단적 지능은 파괴될 것이다. 우리는 전문가에게 모든 지적 결정을 위임할 수 없다. 그들은 완벽하지 않을뿐더러 특히 자본주의 사회에서 적극적으로 '지옥 같은 대안'을 개발하곤 한다. 우리는 전문가에 의존해야 하지만, 과도한 의존은 경계해야 한다.

사회적 보철

우리는 AI를 인간 대체제로 간주하는 경향을 멈추어야 한다. 대신 AI를 '사회적 보철(social prosthesis)'로 위치 짓는 것이 현명하다(Collins, 1990). 인공 심장과 인공지능을 비교해 보자. 인공 심장은 병이 난 심장을 대체할 수 있다. 이때 인공 심장은 반드시 인간 심장을 참조할 필요는 없다. 대신 그 장치는 삽입될 신체의 성능을 전반적으로 참조하여 제작되어야 한다.

인공지능은 다르다. 만약 이 기계가 인간 지능을 대체

하려 한다면 정당성을 얻기 어려울 것이다. 누구도 자신의 뇌를 인공 뇌로 대체하고 싶어 하지는 않을 것이기 때문이다. 따라서 인공지능은 개인의 지능을 대체하려 시도하는 대신 더 거대한 유기체 즉 사회 집단을 돕는 방식을 찾아야 한다. 바로 사회적 보철의 지위를 겨냥하는 것이다. 그러려면 인공지능 전문가는 사회 집단에 대해서 알아야 할 것이다.

사회적 면역 시스템

신체는 외부 물질을 거부하는 면역 시스템을 가지고 있다. 이질적인 것이 신체에서 같은 것으로 승인되려면, 경고 면역 시스템을 '바보'로 만들어야 한다. 그래서 인공 심장은 인간 심장을 그대로 모방하는 대신 삽입될 신체의 면역 시스템 내에 진입하는 문제에 집중한다.

사회적 유기체도 인공물에 대해 민감성이 있다. 사람들이 어떤 기술적 인공물에 대해서 문제 삼는 현상을 사회적 면역 시스템의 작동이라고 해석할 수 있다. 그렇다면 현재 AI 윤리 논쟁은 사회적 면역 시스템이 AI 기술을 이물질로 간주하고 있다는 의미일 것이다. 어떻게 이 기계는 사회적 면역 시스템의 내부로 인식될 수 있을까? AI가 인간을 닮기만 하면 될까? 궁극적으로 그럴 수 있을까? 기계는 인간과 다르다. 근본적으로 닮을 수 없다. 그렇다면 어떻게 사회적 면역 시스템을 통과할 수 있나?

사용자와 함께

사용자 집단은 곳곳에서 무수히 많은 AI와의 경험을 만들고 있다. 튜링 테스트의 철학은 AI가 달성해야 할 지능이 사실은 상식의 역량이라고 말하고 있다. 튜링 테스트에서 기계는 면접관의 승인을 얻어야 한다(김지연, 2025: 147). 여기서 면접관은 이 기계와 대화하고 있다는 점에서 그 기계의 사용자다. 그 사용자는 매번의 대화에서 그 기계가 자신과 동등한 수준의 대화자(동료)인지를 평가한다. 여기서 튜링 테스트의 비전은 일방적으로 인간을 닮은 인공지능을 지향하는 것이 아니다. 대화 과정이 반복되면 기계와 사용자는 서로를 변화시킬 것이다. 인간과 기계는 접촉하고 경험하면서 새로운 '사회 구성원 모델'을 만드는 중이다. 기계가 인간을 그대로 모방할 때가 아니라(실제로 그럴 수도 없다), 양자가 동의하는 새로운 '사회적 동료' 모델을 수립할 때, 그 기계는 사회적 면역 시스템을 통과할 수 있을 것이다.

참고문헌

김은경·이영준(2022). "Moral machine을 활용한 인공지능 윤리교육이 초등학생의 인공지능에 대한 인식에 미치는 영향". 《컴퓨터교육학회 논문지》, 25(3), 1~8쪽.

김지연(2025). 《인공지능과 인간: 관계론적 존재론을 향하여》. 드림미디어.

대런 아세모글루 · 사이먼 존슨(2023). 《권력과 진보: 기술과 번영을 둘러싼 천년의 쟁투》. 김승진 옮김. 생각의힘.

실라 재서노프(2022). 《테크놀로지의 정치: 유전자 조작에서 디지털 프라이버시까지》. 김명진 옮김. 창비출판.

Bauman, C. W. et al.(2014). Revisiting External Validity: Concerns about Trolley Problems and Other Sacrificial Dilemmas in Moral Psychology. *Social and Personality Psychology Compass, 8*(9), pp.536~554.

Collins, H.(1990). *Artificial Experts: Social Knowledge and Intelligent Machines.* The MIT Press.

Collins, H.(2011). Language and Practice. *Social Studies of Science, 41*(2), pp.271~300.

Collins, H. & Evans, R.(2002). The Third Wave of Science Studies: Studies of Expertise and Experience. *Social Studies of Sciences, 32*(2), pp.235~296.

Collins, H. & Evans, R.(2007). *Rethinking Expertise.* The University of Chicago Press.

Epstein, S.(1995). The Construction of Lay Expertise: AIDS Activism and the Forging of Credibility in the Reform of Clinical Trials. *Science, Technology, & Human Values, 20*(4), pp.408~437.

Epstein, S.(1998). *Impure Science: AIDS, Activism, and the*

Politics of Knowledge. University of California Press.
Evans, R.(2008). The Sociology of Expertise: the Distribution of Social Fluency. *Sociology Compass, 2*(1), pp.281~298.
Forsythe, D. E.(2001). *Studying Those Who Study Us: An Anthropologist in the World of Artificial Intelligence.* Stanford University Press.
Jasanoff, S.(2005). Judgment under Siege: The Three-body Problem of Expert Legitimacy. In Maasen, S. & Weingart, P.(eds.). *Democratization of Expertise?: Exploring Novel Forms of Scientific Advice in Political Decision-Making,* pp.209~224. Springer.
Jasanoff, S.(2016). *The Ethics of Invention: Technology and the Human Future.* W. W. Norton & Company.
Pignarre, P. & Stengers, I.(2011). *Capitalist Sorcery: Breaking the Spell.* In Goffey, A.(trans. & ed.). Palgrave Macmillan.
Wynne, B.(1989). Sheepfarming After Chernobyl: A Case Study in Communicating Scientific Information. *Environment, 31*(2), pp.10~39.
Wynne, B.(1996). Misunderstood Misunderstandings: Social Identities and Public Uptake of Science. In Irwin, A. & Wynne, B.(eds.). *Misunderstanding science?: the public reconstruction of science and technology,* pp.19~46. Cambridge University Press.

08

디지털 주체

조선 말 서구에서 사진기가 들어왔을 때, 사람들은 사진 찍기를 두려워했다. 영혼을 빼앗아 갈 것으로 여겼기 때문이다. 그 생각은 어느 정도 옳다. 사진 이미지는 그 사람을 떠나 통제할 수 없는 시간과 공간으로 간다. 알지도 못하는 사람 또는 기계 시스템에 의해서 이런저런 '분석'의 대상이 된다. 사진을 찍는다는 것은 그런 대상이 된다는 것을 허락한다는 의미다.

AI와 인재 채용?

근대 권력과 그 주체

디지털 사회는 이미 근대와 함께 출현했다. 근대 권력은 자신의 통치 대상, '인구(population)'를 발명한 덕분에 등장할 수 있었다(Foucault, 2008). 이 통치 대상(인구)은 자연 상태의 인간이 아니라 출생률, 결혼률, 사망률, 범죄 발생률과 같은 데이터의 배열이다. 그것은 특정한 방식으로 측정된 '인공적인 실재(artificial reality)'이며 '사회적 신체(social body)'다. 그 덕분에 근대 권력은 상대적으로 덜 폭력적으로 작동할 수 있었다.

권력은 누군가 소유하는 것이 아니며 누군가로부터 발원하는 것도 아니다. 그것은 '타자의 의지 원칙(the principle of the foreign will)'이 작동함으로써 행해지는 초권력이다(Foucault, 2007; 2008). 이 권력은 분산, 중계, 네트워크들, 상호 지지, 차이들의 체계 내에서 기능한다. 그 결과 근대 권력은 물리적으로 제압하는 대신 상대적으로 조용하게 그리고 가장 효율적으로 그리고 자동으로 집행된다.

다시 말해서 권력의 효율성은 통치 대상의 발명과 관련이 있다. 그래서 근대 권력은 자신의 통치 대상을 분류하고 식별하기 위해 노력한다. 그런데 그 지표는 그 자체로 근대 시민에게 규율을 요구한다. 흔히 지표를 처리함으로써 정상과 비정상 범주들이 형성되는데, 시민들은 그 기준에 따라 정상인이 되기를 요구받는다. 이 점에서 근대 시민은 근대 권력의 생산물이며 통치적 조작의 대상이다.

매혹

근대 시민의 정체성이 권력에 의해 생산되고 조작되었다고 해서, 그들이 수동적인 대상에 그친다는 의미는 아니다. 근대 권력은 정신 의학의 주체 개념을 통치성에 적용했다. 이 주체는 이중적이다. 라캉에 의하면, 주체란 '자유'나 '독립'을 의미하지 않는다. 주체는 타자에게 매혹되어 타자의 대상이 되기를 스스로 원하는 순간 출현한다(핑크, 2010).

주체는 역설적으로 타자의 시점에서 세계를 관찰한다. 자기 자신을 관찰할 때조차도 마찬가지 원리가 적용된다. 주체는 자신이 받아들인 타자의 시점으로 자기 자신을 관찰하고 평가한다는 점에서 자기 자신을 스스로 대상화한 자들이다(Rose, 1998: 182; 1999: 103). 근대 시민에게서 근대법은 매혹적인 타자였다.

여기서 간과하지 말아야 할 핵심은 무엇보다 주체가 실천의 차원에서 부담을 감당하는 자라는 점이다. 주체는 타자의 의지를 수용하고 자신을 대상화함으로써 발생하는 이득과 소실을 떠맡는다. 그러므로 그들은 그런 부담을 계속 견딜 수도 있고, 언젠가 그 부담을 더 이상 승인하지 않기로 작정할 수도 있다. 그런 점에서 그들은 능동적 행위자다.

주체의 윤리

니콜라스 로즈(Rose, 1998; 1999; 2007)와 실라 재서노프(Jasanoff, 2012)는 푸코의 이론을 과학 영역에 적용했다. 그들에 따르면 과학은 정치만큼이나 권력의 한 형태다. 근대 시민은 과학 지식(타자)이 제시한 대로 자기 자신을 특정한 종류의 개별로 인식하고, 그것에 따라 모범으로 삼아야 할 규범적 판단을 한다. 우리는 과학이 제공한 기준에 따라 일상적으로 자기-검열, 자기-문제화, 자기-감시와 고백을 수행한다. 사람들은 과학(타자)이 제공하는 기준에 따라 자기 자신을 조정한다. 따라서 그들은 '과학의 주체'다.

과학과 정치는 모두 주체를 매혹하는 타자라는 점에서 권력을 얻는다. 권력과 그 권력의 주체 사이의 관계는 관찰자와 대상의 관계와 닮았다. 관찰자와 관찰 대상은 서로를 만나기 전에는 존재하지 않는다. 양자는 대면하는 순간 구성된다. 관찰 내용은 관찰자와 대상 사이 상호작용의 결과이기 때문이다. 관찰자는 원천적으로 대상을 그대로 볼 수 없다. 돌을 만져 보면 '딱딱하다'. 그런데 딱딱하다는 성질은 돌의 고유한 내적 성질이 아니다. 관찰자(우리)의 피부가 상대적으로 부드럽기에 도출된 결과일 뿐이다. 관찰자가 돌보다 딱딱한 피부를 가진다면 돌은 오히려 부드러운 것으로 관찰될 것이다.

따라서 관찰 내용은 절대적일 수 없다. 대상이 같더라도 관찰자에 따라서 다른 결과를 생산한다. 여기서 관찰자의 관심(이해관계)도 영향을 준다. 그것이 바로 관찰의 불확실성이며 다수성을 만든다.

이 원리는 근대 권력이 주체를 관찰할 때도 적용된다. 권력의 역량과 관심이 어떤 주체(대상)를 구성하는지에 영향을 준다. 그러므로 주체는 자신이 어떻게 구성되는지를 알아야 하고 문제 삼을 수도 있어야 한다. 다시 말해서 자신이 어떤 기표의 질서에 예속되어 있는지 보아야 할 책임이 있다. 주체가 자기 자신과 다른 기표의 관계를 인식하는 과정에서 부상하는 실천 방식이 바로 '주체의 윤리'다.

정보 주체

과학이 권력이듯이 정보기술도 권력으로 작동한다. 이 권력은 정보기술(타자)을 자신의 의지로 받아들인 주체에 의해 부상한다. 정보 주체는 정보기술의 질서에 복종하며 그 기술에 의해 식별되고 대상이 되는 것을 허락한 자들이다.

우리나라 「개인정보 보호법」에서 정보 주체란 "처리되는 정보에 의하여 알아볼 수 있는 사람으로서 그 정보의 주체가 되는 사람"을 말한다(제2조). 특히 개인을 식별하는 정보로는 성명, 주민등록번호 및 영상을 통해 개인을 알아볼 수 있는 정보 등이 포함된다.

국가권력 외에도 상업적 정보기술에 의해 우리는 때로는 클래식 음악을 좋아하는 사람으로 때로는 로맨틱 드라마를 즐기는 사람으로 분류된다. 우리의 정치적 성향이나 종교적 신념도 분류한다. 정보기술이 우리를 대상화하지만, 대신 원하는 정보를 제공하며 우리 마음을 편안하게 만들어준다.

데이터 세계

데이터 기술은 치환과 연쇄를 통해 자기 세계를 구성한다. 우선 이 기술은 자신의 관찰 결과를 데이터로 치환한다. 누군가의 구매 아이템, 수량, 관심 클릭 수, 검색 요청, 문자메시지 등은 데이터베이스의 형식으로 번역된다. 이때 어떤 데이터는 더 자주 선택되는 특권을 누리고 다른 데이터는 반대로 배제되는 일도 흔히 일어난다. 예를 들면 경제적 기능은 정량화하기 쉬워서 자주 포함되는 데 반해 맥락적 서사는 자주 배제된다. 단지 그런 서사가 관심을 얻지 못할 것이라는 이유 때문이다(Raley, 2013).

일단 데이터로 변환된 것들은 '동등'해진다. 데이터 세계는 코드화된 대상(codified objects)들 사이의 관계망이다. 그 관계망은 임의적이고 폐쇄적인 자기 경계를 가지며 데이터 사이의 자기 충족적인 공간이다. 그 안에서 다른 사물들과 마찬가지로 정보 주체의 행위는 컴퓨터 인터페이스를 통하여 데이터로 치환된다. 정보 주체는 데이터베이스 안에서 그의 이름이나 별명, 거래 아이템의 이름이나 수량으로, 통화 발신 위치 정보이거나 검색 단어이거나 문자메시지 형태로 기입된다. 이때 정량적인 것으로 재현되지 못한 주체의 나머지 부분은 데이터 세계 밖으로 미끄러져 버린다.

이어서 정보 주체는 다른 데이터들과 마찬가지로 특정 알고리즘에 의해 연쇄 관계로 변이된다. 연쇄 관계가 이미지로 시각화되어 스크린 위에 등장할 때 우리는 정보 주체로 변이된 자기 자신과 대면한다. 정보 주체는 반드시 단일한 개인과 일대일로 대응되지는 않을 수 있다. '나'는 특정 검색어를 입력한 IP 주소일 수 있고, 특정 동영상을 자주 보는 ID일 수도 있다. 그 데이터 기표는 나에게서 기원한 관찰 내용이지만 내가 통제할 수 없는 곳으로 가서 나를 '대표'한다.

자동 의사 결정

정보기술은 자동적 결정을 유도한다. 이 기술(관찰자)은 이전에는 존재하지 않던 주체(대상)의 추가적인 모습을 생산함으로써 그렇게 한다. 그리고 그것은 새로운 관계를 촉진한다. 데이터 기표는 급기야 존재론적인 지위를 얻는다. 데이터로 구성된 인공적 세계 안에서 데이터들은 그 자체로 의미를 가지며 일종의 행위자가 된다.

추천 도서나 추천 영상 메커니즘은 우리의 선호를 수집하여 우선순위를 제시한다. 실제로 그것을 좋아한 것일 수도 있지만, 반드시 그렇지 않을 경우도 있다. 하지만 일단 추천 내용으로 제시된다면 무의식적으로 수용할 가능성이 있다. 그렇게 되면 정보기술은 그것을 더욱 강화하고 다른 유사한 집단에도 추천한다. 그래서 일단 선택된 취향을 계속 강화한다. 이 때문에 작은 차이를 큰 차이로 만들어 버린다.

데이터 관계는 데이터 세계 외부에 존재하는 실재 그 자체를 지시하지 않지만, 그 불확실성의 틈을 봉합하는 힘이 있다. 데이터 세계에서 강조된 것이, 현실을 대표한 것처럼 보이면서, 현실의 선택에 강한 영향을 주고 있다. 그 순간 데이터로 재현된 것과 재현되지 못한 것 사이의 격차는 더 많이 벌어진다.

AI 사회학

사회학자들은 정보기술의 성격이 불평등을 만든다고 우려한다. 예를 들어 로스앤젤레스 경찰서(LAPD)는 예측 분석을 도입해서 '의심스러운' 사람들에 대한 감시를 강화했다. 저소득 유색 인종 지역은 더 높은 빈도로 위험 평가에 노출된다. 이런 불평등은 연쇄 효과를 불러온다. 경찰 감시의 대상이 될 것을 걱정하는 사람들은 복지나 의료 서비스 등 필요한 자원에 접근하는 일을 꺼리게 된다(Joyce et al., 2021; Shestakofsky, 2017).

사회학자들은 인간의 성장과 변화를 위한 시스템을 설계하고 소외된 사람들을 우선순위에 두는 기술 연구를 목표로 삼아야 한다고 주장한다. 현재 압도적인 AI 물결을 고려하면 사회학자만으로 이 일이 충분할지 의문이다. AI 기업들이 사회적 지지를 적극적으로 요청하듯이, 사회학 연구도 시민 사회의 공조를 형성할 수 있어야 한다.

AI 기업은 사회적 지원의 중요성을 잘 알고 있다. 최초의 AI 프로그램이었던 엘리자(ELIZA)는 사용자와의 대화를 통해 학습했다. 이후 인간 의존 학습 방식은 중요하게 유지되고 있다. 구글 개발자들은 단순히 학습 데이터의 양이나 기술적 매개 변수 규모를 확대하는 것만으로 AI 성능을 개선할 수 없다는 점을 알고 있다(김지연, 2025: 276~277). 오픈AI사는 '인간 피드백 기반 강화 학습(RLHF)'을 도입함으로써 챗GPT의 성능을 결정적으로 향상할 수 있었다. 사용자가 AI의 미세한 변화를 민감하게 인지하기 때문이다. AI 사회학이 관심의 중심이 되려면 AI를 분석하는 과정에서 사용자와 사회적 차원을 체계적으로 동원할 수 있어야 한다. 이것은 '계산의 중심(centre of calculation)'을 기계적 차원이 아니라 사회적 협동에 두려는 것이다(10장).

AI 기술의 주체

주체는 타자와의 관계에서 구성되는 존재다. 이 점을 고려하면, 정보기술은 언제든지 주체를 조작할 힘이 있다. 데이터 세계의 자동화된 의사 결정은 현실을 구성할 힘이 있다. 자동화가 가속될수록 사회적 상호작용과 인간 학습의 여지가 점점 줄어들기 때문이다(아세모글루 · 존슨, 2023: 451). 그 결과 AI 산업가들이 주장하는 '자기실현적 예언'이 실현된다.

이 문제에 대응하기 위해서 AI 기술에 대한 이해만이 아니라, 사용자와의 관계를 함께 이해하는 것이 필수적이다. AI 기술 사용자는 이 기술의 질서를 수용하며 그 대상이 되기를 자발적으로 인정한 자들이라는 점에서 그 주체의 지위에 놓인다. 따라서 AI 주체는 그 질서에 순종하기도 하지만 저항할 순간에 대해서도 알고 있어야 한다. 주체는 데이터 세계의 존재론적 체계상에 틈새가 있음을 인식하며 그 틈새를 충실하게 고려할 책임이 있다(Zizek, 2008).

데이터 기술이 재현하는 것은 잠정적으로 '현실'로서의 지위를 가지지만 언제든지 붕괴할 수 있다. 정보 주체는 정보기술에 의해 출현한 현실이 실재와의 차이가 있음을 민감하게 알 수 있다. 그 차이를 인식하는 순간 주체는 재현된 현실과 재현되지 못한 실재의 틈 사이에 서서, 무엇인가를 수행한다. 그 틈을 봉합할지 아니면 드러내기로 작정할 것인지.

그런 점에서 주체의 윤리란 규범화 또는 정상화를 의미하는 것이 아니다. 주체의 합리성은 역사적이고 사회적인 거미줄 안에서 구성되고 성장한다. 그런 만큼 깨지기도 쉽다. 최종적으로 주체는 그 거미줄 안에서 전투를 치르면서 자기 자신을 하나의 예술 작품(aesthetic mode)으로 창조해야 할 의무가 있다(Foucault, 1997; 2005; Nath, 2011; Menihan, 2012).

인간과 AI 기술은 서로 관찰자와 관찰 대상의 자리를 바꾸면서 변조할 수 있다. 서로의 타자가 된다는 의미다. 주체는 자기 자신을 타자의 질서에 복종시키며 동시에 그 질서를 더 이상 따르지 않기로 작정함으로써 그것을 무너뜨릴 수도 있는 역량을 가지고 있다. 이 점에서 주체는 최고의 지능 담지자다. AI 기술이 진심으로 지능을 가지려면 우선 타자의 질서에 복종하는 법을 배워야 할 것이다.

참고문헌

권헌영(2008). "국가정보화 법제정비 방안". 《2008년 한국행정학회 동계학술발표논문집》, 1~17쪽.

김지연(2025). 《인공지능과 인간: 관계적 존재론을 향하여》. 드림미디어.

대런 아세모글루 · 사이먼 존슨(2023). 《권력과 진보: 기술과 번영을 둘러싼 천년의 쟁투》. 김승진 옮김. 생각의힘.
브루스 핑크(2010). 《라캉의 주체: 언어와 향유 사이에서》. 이성민 옮김. 도서출판 b.
윤진효(2006). "한국의 기술정책 및 국가 기술능력 변화과정 분석". 유석진 외(2006). 《정보화시대의 신성장국가론》, 203~263쪽. 나남출판.
Fink, B.(1995). *The Lacanian Subject: Between Language and Jouissance*. Princeton University Press.
Foucault, M.(1997). The Ethics of the Concern for the Self as a Practice of Freedom. In Rainbow, P.(ed.). *Michel Foucault Ethics-Subjectivity and Truth*, pp.281~301. The New Press.
Foucault, M.(2005). *The Hermeneutics of the Subject: Lectures at the College de France 1981-1982*. In Burchell, G.(trans.). Pacador.
Foucault, M.(2007). *Security, Territory, Population: Lectures at the College de France 1977-1978*. In Burchell, G.(trans.). Picador.
Foucault, M.(2008). *The Birth of Biopolitics: Lectures at the Collège de France, 1978-1979*. In Burchell, G.(trans.). Picador.
Jasanoff, S.(2012). *Science and Public Reason*. Routledge.
Joyce, K. et al.(2021). Toward a Sociology of Artificial Intelligence: A Call for Research on Inequalities and Structural Change. *Socius: Sociological Research for a Dynamic World, 7*, pp.1~11.
Jöns, H.(2011). Centre of circulation. In Agnew, J. A. & Livingstone, D. N.(eds.). *The SAGE Handbook of Geographical Knowledge*, pp.158~170. Sage.

Latour, B.(1987). *Science in Action: How to Follow Scientists and Engineers through Society.* Harvard University Press.

Menihan, C. J.(2012). Care of the Self, Foucauldian Ethics, and Contemporary Subjectivity. *Senior Honors Projects. Paper 263.*

Nath, A. G.(2011). The Interplay of Power, Knowledge and the Self-Subject and the Art of Telling the Truth in Michel Foucault. In *Ethics and Aesthetics: The Question of Subject in Michel Foucault, Book 2.* GRIN Verlag.

Raley, R.(2013). Dataveillance and Countervailance. In Gitelman, L.(ed.). *"Row Data" Is an Oxymorn.* The MIT Press.

Revel, J.(2014). Identity, Nature, Life: Three Biopolitical Deconstructions. In Lemm, V. & Vatter, M.(eds.). *The Government of Life: Foucault, Biopolitics, and Neoliberalism.* Fordham University Press.

Rose, N.(1998). *Inventing Our Selves: Psychology, Power, and Personhood.* Cambridge University Press.

Rose, N.(1999). *Governing the Soul: The Shaping of the Private Self.* Free Association Books.

Rose, N.(2007). *The Politics of Life Itself: Biomedicine, Power, and Subjectivity in the Twenty-First Century.* Princeton University Press.

Shestakofsky, B.(2017). Working Algorithms: Software Automation and the Future of Work. *Work and Occupations 44*(4), pp.376~423.

Zizek, S.(2008). *The Plague of Fantasies.* Verso.

09
AI 용어 재정의하기

AI 기술을 사회적으로 수용하기 위해서 새로운 계약이 필요하다. 그러려면 계약 당사자를 특정해야 한다. '자연'이 하나의 모습이 아닌 것처럼, 기술 역시 하나의 모습이 아니다. 어떤 관심에 초점을 두는가에 따라 상대는 다른 정체성으로 출현한다. 이름을 지어주고 부르는 것은 새로운 존재에 대한 사회적 기대를 포함한다.

AI와 기자?

호명하기

이름은 단순한 표지가 아니라 관계의 생성이다. 창세기 (2:19)에서 이름은 존재론적 승인 의례다. "여호와 하느님은 흙으로 각종 들짐승과 공중의 각종 새를 지으시고 아담이 무엇이라고 부르나 보시려고 그것들을 그에게로 이끌어 가시니 아담이 각 생물을 부르는 것이 곧 그 이름이 되었더라". 에덴에서 그들은 서로를 존중하며 살았다.

고대사회에서는 상대방의 이름을 알면 그를 제어할 힘이 생긴다고 믿었다(암스트롱, 1999). 어슐러 르귄의 판타지 소설 《어스시의 마법사》에서 어린 마법사 게드는 자신이 불러낸 어둠의 존재와 싸우기 위해서 그것의 진정한 이름을 찾는 여정을 시작한다.

철학자 루이 알튀세르(2007)는 호명하기를 이데올로기적 행위로 정의한다. 시민은 자신이 자유롭다고 생각하지만, 국가(이데올로기)는 그들의 허위의식을 조장하는 방식으로 종속 효과를 누린다. 그렇다고 해서 이 과정이 무의미하다는 것은 아니다. 개인은 국가의 부름에 응답함으로써 사회적 주체로 기능한다. 반대로 안티고네처럼 국가의 부름에 응답하지 않기로 함으로써 다른 길로 들어설 수도 있다.

이름은 최소한의 사회적 표징이다. 프랑켄슈타인의

괴물은 이름이 없다. 그저 '괴물'이라고 불릴 뿐이다. 괴물이 깨어나는 순간 과학자 프랑켄슈타인이 도망쳤기 때문이다. 괴물은 숨어서 인간의 말을 배웠고 간절히 친구를 원했지만 끝내 그럴 수 없었다. 그 이야기는 비극으로 끝난다. 누군가에게 호명된 적이 없는 존재의 운명이다. 프랑켄슈타인의 잘못은 괴물을 만든 것이 아니라 괴물을 방치한 것이다(Latour, 2011).

2016년 이세돌-알파고 대국을 관전하던 사람들은 자기도 모르게 이 바둑 기계를 '알사범'이라고 부르기 시작했다. '알파고 사범'의 줄임말이다. 대국 후 한국기원은 '알사범'에게 명예 9단의 지위를 부여했다. 아무도 그 명예 증서에 대해 이의를 제기하지 않았다. 알사범은 그 이름을 통해서 우리에게 하나의 인격으로 호출되었다. 그 순간 그 기계는 존재하는 것이 되었다.

이름은 정체성에 관한 문제다. 이름은 그것을 '지배'할 힘이다. 또한 그 정체성에 부합하는 것만이 그 이름으로 불릴 수 있다. 그 이름에 응답하는 자는 그 이름이 담고 있는 정체성에 '복종'을 약속하며, 그 이름의 주체가 된다.

AI, 인간과 닮음?

현재 '인공지능'에 대한 호명하기는 적절한가? 또는 어떤 기계를 '인공지능'이라고 불러야 하나? 대중매체나 「인공지능 기본법」은 이 용어(이름)를 너무 쉽게 단정하고 있다. 법제도는 신중한 사회적 논의를 거치는 것이 관례지만, 웬일인지 이번만은 그 과정을 생략했다.

현재 법은 '인간과 닮음'을 AI의 특질로 지목하고 있다. 과연 그런가? 그것이 그렇게 단순한가? 노벨 경제학 수상자 아세모글루 · 존슨(2023: 431)은 "현재 AI에 관한 합의된 정의는 없다고 보는 것이 타당하다"고 지적한다. 이런 단순화의 기원은 다트머스 회의(1956)에서 비롯된 것이다. 그 회의는 AI에 대한 오해가 시작된 시점이다(같은 책: 441). 그들은 AI를 "만일 인간이 그러한 행동을 했다면 '지능적'이라고 불릴 행동을 기계가 수행하도록 만드는 것"으로 정의했다.

유사하게 「인공지능 기본법」 제2조는 인공지능을 "학습, 추론, 지각, 판단, 언어의 이해 등 **인간이 가진 지적 능력을** 전자적 방법으로 구현한 것을 말한다"고 정의하고 있다. 다트머스 회의의 취지를 거의 그대로 옮겨놓은 것이다. '지능'이라는 정의를 '인간의 지적 능력'으로 단순화할 수 있을까? 그래서 인간을 닮지 않았다면 지능이 없다고 간주해야 할까?

다트머스 회의 주도자는 주로 기호주의 AI 진영에 속

한다(4장). 그들은 AI 기술 진화에서 주도권을 잃고 실패한 집단이다. 그들의 주장이 어떻게 용어 정의에서는 대표적인 것이 될 수 있었을까? AI가 단지 상상 속의 존재였을 때 그 주장은 쉽게 설득력을 가질 수 있었다. 그러나 AI가 현실적 존재가 되어 가는 현재 그런 용어 정의는 AI가 직면하는 실제적 복잡성을 대변하지 못한다.

기계는 물리적으로 인간과 다르다. 따라서 기계가 지능을 가지더라도 그것은 인간과 다른 새로운 지능일 것이다. 역사적으로 기계가 인간의 대용품이었던 적은 없다(멈포드, 2013)는 사실을 기억하자. 그런데도 기계에 관해 '인간과 닮음'을 강조하는 표현이 일반적으로 통용되고 있다. 이런 표현은 단순한 의인화에서부터 이데올로기적 주장까지 폭넓은 색채를 담고 있다. 의인화는 기계에 대한 애착과 경이를 표현한다. 반면에 이데올로기적 주장은 '지배'와 '통제'를 의도한다.

산업 자본주의는 기계를 인간 노동자의 대용으로 배치하면서 노동자 통제에 성공했다. 그로 인해 사회는 갈등과 불평등이라는 대가를 치르고 있다(김지연, 2025: 361). 마찬가지로 AI의 정체성을 '인간과 닮음'으로 정의할 때, AI라는 존재는 사회적으로 갈등을 부른다. 인간과 닮은 AI가 인간 노동을 대체한다는 주장이 힘을 얻을 것이기 때문이다. 그런 용어 정의는 사회적 갈등을 내장하는 것이고, AI와 인간의 협력에 장애를 만들 것이다.

관계적 지능

최근 교황청은 "선조의 것과 새것: 인공지능과 인간 지능 사이 관계에 관한 메모(Vatican, 2025, 이하 '교황청 AI 메모')"를 발표했다. 이 문서에서 인간 지능을 '관계적 지능(relational Intelligence)'이라고 정의했다(§111). 인간 지능은 단순히 정량화할 수 있는 고립된 능력이 아니라 관계 속에서 발휘되며 대화와 협력, 연대를 통해 가장 충만하게 표현될 수 있다. 그래서 인간 지능은 '개별적이면서도 사회적이며, 합리적이면서도 감성적이며, 개념적이면서도 상징적인 복합적이고 다면적인 실재(§57)'다. 인간 지능은 단순히 사실을 습득하거나 특정한 과업을 수행하는 능력으로 환원할 수 없다.

또한 "(사랑과 진정한 선에서 나오는) 기쁨 없는 지능은 아무 의미가 없"고, "많은 것을 아는 것보다 더욱 숭고한 것은 서로를 돌보는 헌신(§20)"이다. 인간 지능은 "하느님의 사랑에 의해 형성"되었기에, 어떠한 도구적 목적에 한정되지 않는다(§29). 인간은 실재를 파악하기 위해서 세계의 관계를 비교하는 능력이 있다.

교황청이 제시한 인간 지능의 정의는 사실상 일반 지능의 정의를 포함한다. 인간만이 아니라 살아 있는 모든 존재는 '지능적'이다. 지능은 자신과 환경 사이의 관계를 아는 능력이다. 사실 인간이 그런 능력을 완전히 획득했다고 보기는 어렵다. 오히려 인간은 자신의 환경을 파괴하면서 자신의 생존을 위태롭게 만들고 있어서 그 지능적 역량이 의심스럽다.

AI, 단지 도구인가?

교황청 AI 메모(Vatican, 2025)는 지능의 관계성을 강조하면서, AI는 단지 도구로서 지위에 놓여야 한다고 강조한다(§102, §112). 이는 휴버트 드레이퍼스(H. Dreyfus)나 존 설(J. Searle) 같은 현상학자들의 주장과 맥락적으로 같다. 드레이퍼스는 1965년 "연금술과 인공지능(Alchemy and Artificial Intelligence)"을 통해서 (컴퓨터의) 불연속적이고 확정적인 작용은 맥락 차원에서 체화된 인간의 지적 역량과는 다르다고 규정했다. 또한 설은 1980년 "중국어방(Chinese Room)"으로 알려진 유명한 논변에서 기계가 튜링 테스트를 통과하더라도 인간처럼 생각하는 것은 아니라고 제기했다.

이들 철학자의 주장은 절반만 옳다. 이들 주장의 공통

점은 지능을 인간 고유의 특징으로 간주하는 것이다. 그래서 지능의 문제가 인간과 같거나 아니면 다르거나 양자택일의 문제가 된다. 앨런 튜링(Turing, 1950)이 '생각하는 기계'를 제안할 때, 그는 새로운 지능이 가능하다고 상상했다. 이런 관점에서 보면 드레퍼스와 설의 주장(기계는 인간과 다르다)은 튜링의 기대(새로운 지능)와 배타적이지 않다. AI는 인간 지능을 닮을 필요가 없다. 사실 그러기도 어렵다. 신체가 다르면 수행 방식도 다를 수밖에 없다. 그러므로 타자와의 관계에서 다른 양상을 보일 수밖에 없다. 관계 양상이 다르면 그로 인해 생성되는 지식의 내용도 달라진다. AI의 지능은 인간과 다른 지능을 향할 수밖에 없다.

현재의 AI는 유사-지능적이라고 할 수 있다. 꾸준히 환경을 탐지하며 학습하기 때문이다. 개별 AI 차원에서 전체 AI 집합체 차원에서 이 기계는 변신하고 있다. 그러나 여전히 환경 인식에서 제한적이다. 스스로 세계를 경험하는 것이 아니라 인간이 만든 데이터에 의존하기 때문이다.

새로운 정체성

교황청에서 제기하듯이, 지능을 '관계적 역량'이라고 정의하면, 사실 지구의 생명은 모두 지능적이다. 미생물학자 린 마굴리스(2007; 마굴리스 · 도리언 세이건, 2011)는 세포 수준에서 이미 지능이 작동했음을 알렸다. 약 35억 년 전 원시 지구에서 우리의 공통 조상인 박테리아(세균)가 등장했고, 뒤이어 고세균과 진핵 생물이 출현했다. 이후에 생명체는 가장 작은 세포인 세균에서부터 거대한 생물권에 이르기까지 '자신을 더 많이 그리고 더 다양하게 만들어 내는 방식'으로 확장해 왔다. 생명의 역사를 단순히 기계적인 것으로 환원할 수 없는 이유다. 생명은 자신이 원하는 방향으로 움직이기 위해 환경을 성찰하고, 환경에 대응한다.

그러면 지능이 자연(생명)을 넘어서 기술(기계) 영역에서 등장할 수 있을까? 그렇다고 말할 여지가 있다. 밀턴(2001: 29)은 책이 생명을 가진 존재라고 주장한 바 있다. "서적이란 그저 죽은 존재가 아니라 그 자신 안에 생명의 잠재력을 갖고 있으며 마치 영혼이 그들 책을 낳은 것처럼 활동하는 존재다. (중략) 나는 그들이 전설적인 용의 이빨(dragon's teeth)과 같이 살아 있으며 왕성하게 생산적이고 그리고 보석으로 아로새겨져 있으며 수많은 무사들을 낳을 수 있다는 것을 알고 있다."

과학사회학자 라투르(2023)는 기술을 독자적인 존재로 인정했다. 그는 '기술'을 '종교'나 '정치'와 마찬가지로 하나의 존재 양식으로 목록에 넣었다. 존재한다는 것은 그것이 무엇이든지 자기 삶을 지속하기 위해서 '지능'을 발휘해야만 할 것이다. 인간과는 다르더라도, 기술이 자신의 고유한 질서에 따라 관계를 구성한다면 지능적으로 존재한다고 인정할 수밖에 없다. 모든 존재는 나름의 관계를 구성하는 데 성공했기에 존재할 수 있다.

기술을 비롯하여 비인간도 지능을 가진다는 생각은 인간중심주의라는 협소한 관점에서 벗어나게 해 준다. 근대사회는 인간만이 지능적 존재로 간주했기에 동물이나 비인간에 대한 무자비한 지배를 정당화할 수 있었다. 이것은 오늘날 우리가 대면하는 기후 생태 위기를 만들었고 결국에는 우리 자신의 생존을 위협하고 있다.

쓰레기더미 위를 날아다니는 초파리가 우리보다 더 위대한 지능을 소유한 것인지도 모른다. 그들은 현재의 지구가 파괴된 이후에도 살아남을 가능성이 있다. 우리가 창조하는 새로운 존재, AI에게 인간을 닮으라고 하는 대신 자연(생명)을 닮으라고 권하는 것이 더 옳지 않을까? 우리를 위해서도 AI를 위해서도 말이다.

사회적 소망 담기

호명은 그 존재에 대한 소망이다. 새로 태어난 아기에게 소망을 담아 이름을 짓지 않는가? 그 아기는 그 이름을 얻어 그 소망을 대변한다. 아무런 소망도 담기지 않는 이름은 이름이 아니다. 우리는 AI라는 용어에 사회적 소망을 담을 수 있다. 바로 용어 정의가 그 일에 해당한다. 우리는 용어 정의를 통해서 AI에 사회 정치적 역할을 부여할 수 있어야 한다.

AI 기술의 성장에 영향을 줄 수 있는 선택지는 아직 열려 있다. 우리는 경제적 효율성이나 자본주의적 협소한 비전 대신에 더 포용적인 경로를 선택해야 한다(아세모글루 · 존스, 2023). 이런 선택은 우리 신념과 관련된 것이고 피할 수 없으며 일단 선택하고 나면 돌이킬 수 없는 중대한 것이다.

교황청의 '관계적 지능' 개념을 활용하여 AI의 관계적 역량을 강조하는 용어 정의를 제안한다. 이는 자연을 학습하고 선행자를 존중하는 윤리를 포함하는 것이다(김지연, 2023). 다시 말해서 관계적 역량을 보유하지 못한다면 그것을 AI라고 부를 수 없다. 이런 기준에 준거하여 인간과 지구의 생존에 갈등을 불러오는 기계는 'AI'라고 부를 수 없다고 주장하자. 이것은 AI 윤리를 위한 마법의 주문이 될 것이다.

참고문헌

김지연(2023). “인공지능(AI)의 윤리적 지위: 인간과 비인간 사이에서 어울리기”. 《사회와이론》, 46, 89~131쪽.

김지연(2025). 《인공지능과 인간: 관계적 존재론을 향하여》. 드림미디어.

대런 아세모글루 · 사이먼 존슨(2023). 《권력과 진보: 기술과 번영을 둘러싼 천년의 쟁투》. 김승진 옮김. 생각의힘.

루이스 멈포드(2013). 《기계의 신화 1: 기술과 인류의 발달》. 유명기 옮김. 아카넷.

루이 알튀세르(2007). 《재생산에 대하여》. 김웅권 옮김. 동문선.

린 마굴리스(2007). 《공생자 행성》. 이한음 옮김. 사이언스북스.

린 마굴리스·도리언 세이건(2011). 《마이크로코스모스 : 40억 년에 걸친 미생물의 진화사》. 홍욱희 옮김. 김영사.

브뤼노 라투르(2023). 《존재양식의 탐구: 근대인의 인류학》. 황장진 옮김. 사월의책.

존 밀턴(2001[1644]) 《아레오파지티카》. 임상원 역주. 나남.

카렌 암스트롱(1999). 《신의 역사: 유대교, 기독교, 이슬람의 4,000년 간 유일신의 역사》. 배국원·유지황 옮김. 동연.

Latour, B.(2011). Love Your Monsters: Why We Must Care for Our Technologies As We Do Our Children. http://www.bruno-latour.fr/sites/default/files/downloads/107-BREAKTHROUGH-REDUXpdf.pdf

Turing, A. M.(1950). Computing Machinery and Intelligence. *Mind, 59*, pp.433~460.

Vatican(2025). ANTIQUA ET NOVA: Note on the Relationship Between Artificial Intelligence and Human Intelligence. Vatican City State.

10
AI 사용자의 지위

찰스 다윈(2019: 136)은 종의 경쟁보다 종의 관계를 강조했다. “유기체 하나하나의 구조가 모든 다른 유기체의 구조와 가장 본질적으로, 하지만 보통은 보이지 않는 방식으로 연결되어 있”다. 이것은 생명종이 생태계에서 자신의 지위(ecological niche)를 획득하는 근본적 방식이다. 새로운 종은 기존의 종들과의 관계를 조정하면서 자신의 자리를 발견한다.

AI와 미래 의사?

누가 기술을 사랑하나?

다윈 이론이 등장한 지 150년이 지났지만 우리는 여전히 유기체 사이의 상호관계에 무지하다. 마치 우월한 개체나 종이 '승리'한다는 의식이 여전히 강하게 작동하고 있다. 기술결정론자나 자동화 지지자들이 경쟁 논리를 수월하게 유포하는 배경이다. 이런 접근은 관계보다 경쟁을 우선순위에 두며 기술을 파괴적 방향으로 나아가게 만든다.

기술의 역사가 말해주듯이, AI 기술도 단독으로 성장할 수 없다. 기술이 세계 안에서 정당한 지위를 찾으려면 '관계적 존재론'을 채택하는 것이 현명하다(9장). AI 기술을 가장 사랑할 잠재적 집단을 찾아 동맹을 맺는 것이 좋은 방법이다. 누가 기술을 사랑하나? 우선 그 기술의 제작자일 것이다. 누구나 자신이 창조한 것을 사랑한다.

다음으로 '사용자'들이 있다. 그들은 공동-제작자의 위치에 있다. 제작자가 기술적 객체를 물리적으로 창조한다면, 사용자는 그것을 사회적이고 존재론적 차원에서 창조한다(6장). 컴퓨터와 인터넷 기술이 보여 주었듯이, AI 기술의 미래는 사용자 집단을 만날 수 있느냐에 달려 있다. 기술 개발에서 사용자의 중요성은 이미 여러 경제학자에 의해 증명되었다(Akrich, 1995: 167). AI 기술의 운명에서 사용자와 관계에 주목하는 일은 중요하다.

법률 속 '이용자'

현재 사용자 지위에 관한 논의는 무관심하게 방치되고 있다. 「인공지능 기본법」은 '사용자' 대신 '이용자'라는 용어를 채택하고 있다. 여기서 이용자란 "인공지능 제품 또는 인공지능 서비스를 제공받는 자"를 말한다(제2조). 그들의 지위를 '구매자'에 가깝게 서술한 것으로 경제적 거래 행위자라는 좁은 의미를 부여한 것이다. 그리고 그들은 단지 정보 고지(제31조)와 보호의 대상이다(제34조).

AI 용어 정의에 실패하고 있듯이(9장), 사용자 정의에도 실패하고 있다. 이런 경향은 기술에 관한 관점이 기술결정론적이고, 관련 정책이 산업적인 차원에 갇혀 있기에 발생한다. 흔히 정책 입안자들의 관심은 주로 소위 선진국 추격에 쏠려 있는 경우가 많다. 그래서 경제적 투자를 많이 하면 선진국 기술에 근접할 수 있고 산업이 성장할 것으로 기대한다. 그러나 그것은 기술 성장을 너무 단순한 것으로 오해한 것이다.

새로운 기술이 한 사회 안에서 작동하기 위해서는 무엇보다 그 관계적 가능성을 고려해야 한다. 예를 들어 1984년 전전자교환기(TDX) 개발은 한국 정부가 가장 자랑하는 성공 사례다. 이 성공은 교환기 기술이 뛰어나서 성공한 것이 아니라 전화에 대한 사회적인 열망 덕분에 추동된 것이다(김지연, 2019: 181). 1970년대 한국 사회는 심각한 전화 적체에 시달렸고, 전화번호가 높은 가격에 거래되었다. 당시 체신부(기술 관료)는 기술에 대한 사회적 선택 압력에 호응했기에 관련 정책 결정에서 성공할 수 있었다.

비슷한 사례로 1990년대 말 인터넷 접근을 원하는 사용자들은 IP 공유기를 열망했고 통신 회사들과 논쟁을 벌였다. 이 논쟁은 한국 사회의 인터넷 문화를 바꾸어 놓았다(같은 책: 205). 이제 작은 카페나 식당에서도 공유기 아이디를 제공하는 일은 보편적인 일이 되었다. 기술 사용자는 기술과 그 환경을 바꾸는 역량이 있다.

대중 지성을 향해

우리는 지금 왜 AI 기술에 환호하는가? 왜 AI를 향해 달려가는가? 산업적 이득 또는 경제적 이득 때문인가? 경제적 이득 자체가 목적이 될 수 있나? 그것은 목적이 없는 것과 같다.

판타지 소설《호빗》에 등장하는 용 '스마우그(Smaug)'는 무한한 탐욕을 상징한다. 스마우그는 엄청난 황금을 모으지만, 자신이 왜 황금을 모으는지는 모른다. 목적이 없기에 황금에 대한 욕심은 끝이 없다. 스스로 목적을 세우지 못한다면 그것은 자기 붕괴적 탐욕으로 향한다.

기술의 목적을 세우려면 사회적 담론을 불러일으켜야 한다. 단지 기술 관료나 전문가만으로는 담론을 만들 수 없다. 왜소한 논의는 소수의 이득으로 향하고 불평등을 부른다. 협소한 논의는 기술의 실용적 구성을 상상하지 못한다.

우리는 기술을 경제적인 승리보다는 '대중 지성(Public intelligence)'의 성장에 배치하는 것을 지지한다. 대중 지성은 집단적 차원에서 관계를 형성하는 역량이다(스탱게르스, 2025). 이 개념은 브뤼노 라투르(2012)의 '코기타무스(cogitamus)' 개념과 맥락을 공유한다. 코기토(cogito)의 의미가 '나는 생각한다(I think)'라면, 코기타무스(cogitamus)는 '우리는 생각한다(We think)'를 의미한다. 코기타무스는 '사유 집합체(A collective of thoughts)' 또는 '생각하는 대중(thinking public)'이다.

대중 지성 또는 코기타무스 개념에 주목해야 하는 이유는 고립된 주체는 현대의 어려운 과제를 풀어갈 힘이 없기 때문이다. 현재 우리가 직면한 복잡하고 불확실한 조건을 고려할 때, 고립된 코기토 대신 공동으로 사유하고 계산하는 대중 지성에 의존하는 것이 유망한 접근이다. 우리는 새로운 코스모스(공통 세계)를 만들 수 있어야 한다. 여기서 코스모스는 모든 존재의 배열이라는 의미로 사용한다. 하나의 코스모스에서 또 다른 코스모스로 넘어가려면, 옛 존재들과 새 존재들이 모두 다 조금씩 재배치되어야 할 것이다(라투르, 2012: 129). 그러려면 함께 사유하고 행동하는 대중 지성의 작동이 필수적이다.

실용주의 접근

AI와 사회 사이의 관계적 존재를 형성하는 일에는 특별한 이론이 없다. AI 기술의 구현 능력은 개발자의 통제를 넘어서며 성능과 위험 사이를 횡단한다(4장). 그래서 AI 제도를 무용지물로 만들곤 한다. 일반적으로 제도는 예측 가능성을 전제하는데 AI 기술적 특성은 자주 예측 범위를 벗어난다.

이론도 안내서도 없는 상태에서 우리는 묵묵히 경험을 따라 경로를 개척해 갈 수 있을 뿐이다. 이는 실용주의의 길이다. 실용주의는 구체성과 적실성, 사실, 행동과 힘을 향해 나아간다(제임스, 2008). 그것은 독단, 인위성, 그리고 진리의 궁극성을 주장하는 합리주의에는 반대한다. 대신 개방적 분위기와 가능성을 지향한다.

퍼셉트론 논쟁(5장)은 실용주의와 합리주의 접근의 차이를 보여 준 바 있다. 연결주의 AI는 오랫동안 무시되었지만, 묵묵히 경험을 따라 지능의 양태를 추적하며 결정적 성과를 제공할 수 있었다. 기호주의 AI는 자극과 반응을 일대일로 대응하는 합리주의 기법 덕분에 초기 성과가 있었지만, 지능을 향한 궁극적 해법을 내놓지 못했다.

그 교훈을 따라 AI의 사회적 제도를 만드는 일에서도 환원적이고 합리주의적 접근 대신 전체론적이고 실용주의적 접근을 도입하자. 좀 더 구체적으로 AI와 사회의 관계적 접근을 위해서 사용자 경험을 따라갈 것을 권장한다. 사용자 경험에는 인간과 AI 상호작용이 압축되어 있다. 그 속에는 인간의 수행적 특질만이 아니라 AI의 수행적 특질이 녹아 있다.

상호작용과 내부 작용

AI는 실시간 학습을 통해 성장하는 특성 때문에, 지속적인 학습 상태에 있다. 그리고 사용자는 가장 근접한 장소에서 AI의 작동 양태를 유발하고 형성하는 행위자다. 사용자는 모든 곳에 존재하며 지칠 줄 모르는 실험을 해 낸다. 그래서 기술의 특징이나 약점까지도 가장 먼저 발견한다.

AI와 사용자는 일상적으로 접촉하는 과정에서 서로를 구성하고 그 결과 양자 모두 변형을 겪고 있다. AI와 사용자는 상호작용(interaction)할 뿐만 아니라 빈번하게 내부 작용(intra-action)을 겪을 것이다. 기수와 말은 훈련을 통해 어느 순간 하나의 유기체처럼 움직인다. 그럴 수 있을 때 장애물을 통과할 수 있다. 민첩성 경기에서 개와 인간은 암묵적인 신호를 이해한다(해러웨이, 2022). 그들은 그 순간 하나가 된다. 이것이 내부 작용이다. 그 순간 그들은 서로에 대해서 외부가 아니라 내부적 존재가 된다. 인간은 동료 인간과 동물만이 아니라 기술에 대해서도 그런 관계 변형을 만들 수 있다.

사용자 위원회

현재 AI는 여러 결핍을 드러내고 있다. 기술 발전에 따라 개선되겠지만 근본적으로 문제를 해소할 수는 없을 것이다. 개선의 과정에서도 인간(개발자와 사용자)의 도움이 필수적이다. 특히 사용자의 애착이 부족하다면 AI 기술은 생생한 존재가 될 수 없다(8장). 사용자 지식은 개발자 지식과 함께 공동 생산(Co-creation)의 주요 축이다.

그런데 현재 「인공지능 기본법」은 사용자 제도에 대해 무관심하다. 제7조 '국가인공지능위원회' 규정에서 위원회 구성은 전통적인 전문가주의를 유지하고 있다. 우리나라에 이런 방식의 위원회는 많았지만 대체로 잘 작동하지 않았다. 전통적인 위원회 구조는 본래 취지와 달리 대체로 민주적이지 않았다. 담당 부처의 사업을 방어하거나 절차적 책임을 모호하게 만들어서 문제 해소를 어렵게 만들곤 했다. 담당 부처도 위원회를 진지하게 지원하지 않는 경우가 많다. 결국 이런 위원회는 단지 해당 정부 부처의 의사 결정을 사후적으로 승인하는 역할을 해 왔다.

그런 전통적인 위원회 대신에 'AI 사용자 위원회'를 제안한다. 사용자 위원회는 (1) 기술 성장에서 사용자의 지위를 확인하고 AI와 사용자의 관계적 구성을 존중하는 조건을 형성한다. (2) AI 사용 현장을 탐색하고 보고하고 분석함으로써 AI 성장에 실질적으로 기여하고 개입한다. (3) 개발자(기업)와 사용자 그리고 다양한 행위자를 일상적으로 연결하고 소통하도록 도울 수 있다. 그 과정에서 출현한 합의를 강화할 수 있다. (4) AI와 사용자의 실험적 관계를 조망하고 지원하여 새로운 관계 모델을 유도할 수 있다. (5) 다양한 이해당사자를 연결함으로써 AI의 기술적 · 사회적 이해를 촉발할 수 있다.

사용자 위원회는 기술 성장과 윤리를 결합하는 모델

을 구성하는 사회적 과제를 도울 수 있다. 사용자의 현장 경험에 기반한 의제를 다룰 것이기 때문이다. AI 사용자 위원회는 (지능의 작동이 그렇듯이) 학습하면서 성장해야 한다. AI도 사용자도 계속 변할 것이기 때문이다. 이를 위해 새로운 위원회는 AI 사용자의 참여를 이끄는 형식과 운영 방식을 개발해야 한다.

사용자 경험을 공공화하기

이 문제에서 사용자 경험(지식)을 공공화하는 일이 중요하다. 어떻게 사용자 경험(지식)을 공공화할 수 있나? 라투르(2012: 52~57)는 경험 일지를 쓰라고 권한다. 이 방법론은 항해 일지(journal de bord)에서 온 것이다. 뱃사람들은 항해 일지를 작성함으로써 망망대해 위에서 자기 위치를 확인할 수 있다.

일지 작성은 기술적 사물이나 현상을 성급하게 지지하거나 비판하는 대신 다양한 "관계들의 풍부함을 존중"하게 만든다. "극단적인 판단을 모면하려면 시사 현안을 지속적으로 참고하는 것만큼 좋은 방법도 없(같은 책: 85)"다.

일지를 한 번 쓸 때마다 작은 세상 하나가 세워질 것이다. 이 과정에서 사람들은 논쟁과 갈등을 목격한다. 여러 일지를 함께 살펴보면 아주 많은 논쟁의 지렛대를 발견할 수 있다. 일지가 제공하는 자료와 토론이 부여한 집합적 의미를 따라서 '논쟁의 지도(cartography of controversy)'를 그려낼 수 있다(같은 책: 190).

구체적으로 AI 사용에 일지 작업을 적용해 보자. 사용자는 일지를 기록하고 그중 일부를 공개함으로써, 함께 토론하며 개선을 모색할 수 있다. 나는 학생들이 작성한 AI 사용 일지를 보면서 경험의 힘을 느끼곤 한다. 사용 일지를 함께 둘러보며 토론하면 지금 문제가 되는 지점을 발견할 수 있다. 이런 일지들이 더 많이 모인다면 문제 지점을 더 쉽게 발굴하여 대중 담론 형성을 도울 수 있다.

사용자 위원회가 제도화된다면, 사용 일지를 공유하는 기술적 장치(제도)를 제공할 수 있다. 그러면 자연히 개별적인 관심사를 공공적인 의제(논쟁)로 전환할 수 있다. 그 과정에서 사용자는 자기 위치를 파악하는 법을 배울 수 있다. 동시에 AI 기술의 지위를 탐색하고 형성할 수 있다. 공동-제작자로서 사용자의 지위가 분명해질 것이다.

이 방식은 사용자 권한을 강화하면서도 AI 기술 성장을 안정적으로 도울 수 있다. 나아가 이는 인간과 AI의 공동-진화 방향을 제시한다. 이 과정에서 개발자(기업)는 사용자와 소통할 수 있고 그들의 요구와 경험에 접근할 수 있다. 이를 토대로 새로운 서비스 모델을 창안할 기회를 얻는다. 이것은 제도 차원에서의 관계적 지능이다. 그것은 대중에게 말하는 힘을 부여하는 제도로서 대중 지성의 성장을 돕는다.

참고문헌

김지연(2019). 《기술 거버넌스를 위한 질문 파일》. 드림미디어.

김지연(2024). 《과학문화, 난쟁이와 거인의 노래》. 자유아카데미.

도나 J. 해러웨이(2022). 《종과 종이 만날 때: 복수종들의 정치》. 최유미 옮김. 갈무리.

브뤼노 라투르(2012). 《과학인문학 편지: 인간과 자연, 과학과 정치에 관한 가장 도발적인 생각》. 이세진 옮김. 사월의책.

브뤼노 라투르(2023). 《존재양식의 탐구: 근대인의 인류학》. 황장진 옮김. 사월의책.

윌리엄 제임스(2008). 《실용주의》. 정해창 옮김(2008). 아카넷.

이자벨 스탱게르스(2025). 《다른 과학은 가능하다, '느린 과학' 선언》. 김연화·장하원 옮김. 에디토리얼.

찰스 다윈(2019). 《종의 기원: 자연 선택을 통한 종의 기원에 관하여 또는 생존 투쟁에서 선호된 품종의 보존에 관하여》. 장대익 옮김. 사이언스북스.

Akrich, M.(1995). User Representations: Practices, Methods and Sociology. In Rip, A. et al.(eds.). *Managing Technology in Society: The Approach of Constructive Technology Assessment*, pp.167~184. Pinter Publishers.

Latour, B.(1987). *Science in Action: How to Follow Scientists and Engineers through Society*. Harvard University Press.

김지연

고려대학교 과학기술학 협동과정에서 과학사회학 박사학위(2010년)를 받았다. 현재 고려대학교 과학기술학 연구소 연구교수로 일하며, "과학과 민주주의" 및 "기술사회학" 등을 강의한다. 저서로는 2025년 세종도서에 선정된 《과학문화, 난쟁이와 거인의 노래》(2024) 등이 있다.